ライブラリ 経営学コア・テキスト=9

コア・テキスト
マーケティング

山本 晶

新世社

編者のことば

　経営学は常識の学問である。経営学はいまや現代人にとっての基本的なリテラシーの一部である。最新ニュースのほとんどに企業や組織がからみ，この世のほとんどすべての問題は，経営の問題として読み解くことができる。経営学はまさに現代社会の常識なのである。

　経営学は常識の学問である。経営学は科学であり，個々の理論やモデルが正しいかどうかはデータと事実が決める。しかもその検証作業は，一部の研究者たちだけの占有ではない。広く一般の人々も日々の実践の中で検証を繰り返し，その結果生き残った経営理論だけが，常識として広く世の中に定着していく。

　経営学は常識の学問である。経営学は常識にもかかわらず，学問としての体系をもっている。そこが普通の常識とは異なる。体系的に学び，体得することができる。実際，現代ほど学問として体系的な経営学の教科書が渇望されている時代はない。高校生から定年退職者に至るまで，実に多くの人から「経営学の良い教科書はどれか」と質問される。

　それでは，良い教科書の条件とは何か。第一に，本当に教科書であること。予備知識のない普通の人が，順を追って読み進めば，体系的に理解可能な本であること。第二に，学問的に確からしいことだけが書かれていること。もちろん学問には進歩があり，それまで正しいとされていたものが否定されたり，新しい理論が登場したりすることはある。しかし，ただ目新しくて流行っているというだけで根拠もなく取り上げるビジネス書とは一線を画する。そして第三に，読者がさらに学習を進めるための「次」を展望できること。すなわち，単体として良い本であるだけではなく，次の一冊が体系的に紹介され，あるいは用意されていることが望ましい。

　そのために，このライブラリ「経営学コア・テキスト」が企画された。経営学の「核となる知」を正しく容易に理解できるような「良い教科書」群を体系的に集大成する試み。そのチャレンジに，いま21世紀を担う新世代の経営学者たちが集う。

高橋　伸夫

はしがき

　マーケティングは学生の関心が高く，大学でも受講者の多い科目のひとつです。また，将来マーケティングを仕事にしたいと考える学生も多く，人気の職種のひとつになっています。なかにはマーケティングを勉強するために大学に進学した，という学生もいるようです。

　本書は，マーケティングに関心をもつ学生のうち，初めてマーケティングを勉強する人のために書かれています。そのため，初学者が理解できるよう，できるだけわかりやすい文章を心がけました。さらに読者の理解を促すために，事例を挙げて説明するようにしました。ただし，本書で説明されている事例の多くは架空のもので，実際の企業事例は最小限にとどめました。その理由は，消費者を取り巻く市場環境が刻一刻と変化し，昨日の人気ブランドが失墜する，あるいはライバル企業同士が合併する，といったことが起こりうるからです。

　本書では，学んだ理論やモデルと現実の市場環境を結びつけるために，章ごとに演習問題を設けてあります。この演習問題によって自分の身近な事例を探し，本書で学んだことをあてはめて考えてみるように設計されています。ぜひこの演習問題を活用して，読者が本書を手に取った時点の市場環境で，勉強したモデルやツールを自分の頭で整理してみてください。

　マーケティングと一言でいっても，実はさまざまな領域があります。本書はマーケティングのさまざまな領域を紹介することを目的としています。読者が本書を読むことによって深く勉強したいと思う分野と出会い，より専門性の高い教科書や論文へと読み進むことを願っています。そして，もっとマーケティングを知りたい，学びたい，という気持ちになって頂ければこれ以上の喜びはありません。

本書の執筆にあたっては，たくさんの方々のサポートと協力を得ました。東京大学大学院の高橋伸夫教授には，執筆において背中を押して頂き，内容について重要なご指摘を数多く頂きました。また，新世社の御園生晴彦氏からは，執筆を進めるにあたり，多大なサポートを頂きました。このお二人の存在がなければ本書は完成することはありませんでした。ここに記して感謝いたします。

　原稿執筆の資料収集には，成蹊大学経済学部山本晶ゼミ3期生の平崎巧さんのご協力を得ました。また，第3章と第4章の資料収集と原稿の通読を，成蹊大学経済学部山本晶ゼミ2期生の玉城夏未さんにお願いしました。ここに記して感謝いたします。

　最後に，いつも側で励ましてくれるだけでなく，原稿を読み，貴重なコメントを提供してくれた夫に感謝の意を表します。

2012年5月

山本　晶

＊第4刷に際し，第3章3.1節，第8章8.3節，8.7節の解説内容を変更，更新しました。

目 次

第1章 マーケティングとは　　1

1.1 マーケティングの定義　　2
1.2 マーケティングの沿革　　4
1.3 本書の構成　　7

第Ⅰ部 マーケティングの基礎　　13

第2章 マーケティング戦略立案プロセス　　15

2.1 マーケティング戦略の位置づけとマーケティング戦略立案プロセス　　16
2.2 現状分析と課題の設定　　18
2.3 セグメンテーション，ターゲティング，ポジショニング（STP）　　21
2.4 マーケティング・ミックス（MM）の決定　　28
2.5 マーケティング戦略の実行・統制　　30
2.6 まとめ　　31
　●演習問題　　32

第3章　競争地位別マーケティング戦略　33

- 3.1　競争地位別の4つの分類 —— 34
- 3.2　リーダーの戦略 —— 35
- 3.3　チャレンジャーの戦略 —— 39
- 3.4　ニッチャーの戦略 —— 42
- 3.5　フォロワーの戦略 —— 45
- 3.6　まとめ —— 47
  - ●演習問題　49

第4章　さらなる市場機会の発見：ポジショニング・アプローチ　51

- 4.1　外部環境 —— 52
- 4.2　内部環境 —— 53
- 4.3　ファイブフォース・モデル —— 54
- 4.4　SWOT分析 —— 64
- 4.5　まとめ —— 72
  - ●演習問題　72

第Ⅱ部　マーケティングの4Pとブランド戦略　73

第5章　製品戦略　75

- 5.1　製品とは —— 76
- 5.2　製品ミックス —— 78
- 5.3　新製品開発 —— 80
- 5.4　製品ライフサイクル —— 85
- 5.5　プロダクト・ポートフォリオ・マネジメント（PPM） —— 91
- 5.6　アンゾフの成長マトリックス —— 95
- 5.7　まとめ —— 98
  - ●演習問題　98

第6章　価格戦略　　99

- 6.1　価格戦略の目標 — 100
- 6.2　価格の設定方法 — 101
- 6.3　消費者心理と価格 — 105
- 6.4　新製品の価格設定 — 107
- 6.5　小売企業の価格戦略 — 110
- 6.6　流通業者に対するメーカー企業の価格戦略 — 112
- 6.7　まとめ — 115
  - ●演習問題　116

第7章　流通戦略　　117

- 7.1　流通チャネルとその機能 — 118
- 7.2　流通チャネルの階層と種類 — 121
- 7.3　流通チャネル政策 — 124
- 7.4　チャネル組織の類型 — 126
- 7.5　小売企業の意思決定 — 131
- 7.6　まとめ — 132
  - ●演習問題　133

第8章　プロモーション戦略　　135

- 8.1　マーケティングの4Pとプロモーション — 136
- 8.2　コミュニケーションの種類 — 136
- 8.3　広告 — 138
- 8.4　パブリシティ — 143
- 8.5　セールス・プロモーション（SP） — 144
- 8.6　統合型マーケティング・コミュニケーション（IMC） — 150
- 8.7　インターネットと広告 — 151
- 8.8　まとめ — 162
  - ●演習問題　162

第9章　ブランド戦略　　163

- 9.1　ブランドとは　164
- 9.2　ブランドの種類　169
- 9.3　ブランドの機能　170
- 9.4　ブランド・エクイティ　174
- 9.5　ブランド・アイデンティティ　178
- 9.6　ブランドの管理方法　179
- 9.7　パワーブランドの7つの法則　182
- 9.8　まとめ　184
  - ●演習問題　185

第Ⅲ部　マーケティングの道具箱　　187

第10章　消費者行動とマーケティング　　189

- 10.1　消費者とは　190
- 10.2　消費者行動とは　192
- 10.3　消費者行動研究の系譜　193
- 10.4　購買意思決定プロセス　197
- 10.5　広告の階層効果モデル　202
- 10.6　消費者行動の変化　206
- 10.7　まとめ　208
  - ●演習問題　209

第11章 マーケティング・リサーチと市場データ分析　211

- 11.1 マーケティング・リサーチとは ─ 212
- 11.2 1次データの収集方法 ─ 219
- 11.3 調査対象者の選定 ─ 223
- 11.4 マーケティング・データの分析 ─ 225
- 11.5 インターネット上のデータの活用 ─ 227
- 11.6 まとめ ─ 229
  - ●演習問題　230

参考文献 ─ 231
索引 ─ 235
著者紹介 ─ 241

本書に記載している製品名は各社の登録商標または商標です。
本書では®と™は明記しておりません。

第 1 章

マーケティングとは

　「マーケティング」とは何でしょうか。そもそもどのような概念で，どのように発展してきたのでしょうか。
　本章ではマーケティングの定義を概観し，マーケティングがどのように進化してきたかについて学びます。そして，本書でどのようにマーケティングを勉強していくのか，章立てに沿って紹介していきます。

○ KEY WORDS ○

マーケティング，ニーズ，ウォンツ，マーケティング 1.0，マーケティング 2.0，マーケティング 3.0

1.1 マーケティングの定義

しばしば引用されるマーケティングの定義は，全米マーケティング協会（AMA；American Marketing Association）によるものです。

1985年に発表されたAMAの定義は，

「個人や組織の目的を満たす交換の実現のために，アイデア，商品，サービスの考案，価格決定，販売促進，流通を計画し，実行するプロセス」

（原文はつぎのとおり）"Marketing is the process of planning and executing the conception, pricing, promotion, and distribution of ideas, goods, and services to create exchanges that satisfy individual and organizational objectives."

というものでした。わかりやすくいいかえると，マーケティングとは売り手と買い手の交換が実現するために，どんな商品が売れるのかを考えたり，価格は何円で，どのような広告をして，どんな売り場で売るかを考えるプロセス，ということです。

マーケティングの定義は，時代の変化とともに改訂されています。2004年には，

「マーケティングとは組織の機能であり，顧客に対し，価値を創造・伝達・提供するとともに，当該組織とそのステークホルダーに恩恵をもたらす方法で顧客との関係を管理するための一連のプロセス」

（原文はつぎのとおり）"Marketing is an organizational function and a set of processes for creating, communicating, and delivering value to customers and for managing customer relationships in ways that benefit the organization and its stakeholders."

と定義されました。この定義では，マーケティングの主目的が経済的交換から顧客価値の創造に変わっています。また，顧客との関係の管理に重点が置かれています。これは，顔の見えない一度限りの購買よりも，リピート購買をする顧客と関係を築くことの重要性を示しています。

2007年にAMAはマーケティングの定義を再度改訂し，

「顧客，得意先，パートナー，社会全般にとって価値のある提供物を，創造，伝達，提供，交換するための活動，機関，プロセス」

（原文はつぎのとおり）"Marketing is the activity, set of institutions, and processes for creating, communicating, delivering, and exchanging offerings that have value for customers, clients, partners, and society at large."

と変更しました（2017年追認）。AMAの定義の変遷からは，マーケティングの主眼が売り手と買い手の交換から顧客価値へとシフトし，その領域は経済的な交換だけでなく社会全体をもその対象に含むようになったことがわかります。

AMAの定義はさまざまな要因をまとめて一言であらわそうとしているためか，初学者にはややわかりにくい定義となっています。よりわかりやすく，簡潔にマーケティングとは何か，をあらわすドラッカー（Drucker, Peter F.）の言葉があります。それは，

「マーケティングの目的とは，「売り込み」を不要にすることである」

というものです。この言葉は，マーケティングの本質を端的にあらわしています。企業が自社の製品・サービスを売り込まなくても，消費者が自ら製品・サービスのブランド名を好意的に記憶し，その特長を理解し，喜んで継続的に財布を開いてくれる状態をつくること，これこそがマーケティングなのです。

1.1 マーケティングの定義

ドラッカーの先の言葉は，イソップ寓話の「北風と太陽」と通じるものがあります。この寓話では，北風が冷たい風を強く吹かせて旅人の上着を無理やり脱がせようとさせます。ところが，冷たい風が吹けば吹くほど，旅人はしっかりと上着を着込んでしまいます。一方，太陽は無理やり脱がそうとするのではなく，自ら上着を脱ぎたくなるように暖かい光をそそぎ，旅人は上着を脱ぐという話です。マーケティングの本質は，「北風と太陽」の太陽になり，消費者が企業にとって望ましい行動を自ら喜んで起こすような仕組みをつくることといえるでしょう。

　企業にとって望ましい状態を実現するためには，ある事柄が満たされていないと感じる状態であるニーズ（needs）や，ニーズを満たそうとして製品やサービスなど特定の対象を求める感情であるウォンツ（wants）の理解が不可欠です。そして消費者のニーズやウォンツを把握するためには，消費者行動に関する客観的なデータを入手し，分析する必要があります。そして，調査や分析から得た知見を，マーケティング戦略に活用します。本書では，こうした一連のプロセスとそこに登場する専門用語を初学向けに解説します。

1.2　マーケティングの沿革

　マーケティングは1900年代にアメリカで生まれ，発展してきた学問分野です。マーケティングの著名な研究者であるコトラー（Kotler, Philip）は，マーケティングがマーケティング1.0, 2.0, 3.0と呼ばれる3段階の進化を遂げてきた，と論じています（コトラーら，2010）。各段階の比較表は，表1.1のとおりです。

　マーケティング1.0は，製品中心の工業化時代の段階です。その主目的は工場で生み出される大量生産された製品を，顔の見えない大衆に売り込むことでした。この頃の企業と消費者の関係は，「1対多」の関係といえます。

表 1.1　マーケティング 1.0, 2.0, 3.0

	マーケティング 1.0 製品中心の マーケティング	マーケティング 2.0 消費者志向の マーケティング	マーケティング 3.0 価値主導の マーケティング
目的	製品を販売すること	消費者を満足させ，つなぎとめること	世界をより良い場所にすること
可能にした力	産業革命	情報技術	ニューウェーブの技術
市場に対する企業の見方	物質的ニーズをもつ，マス購買者	マインドとハートをもつ，より洗練された消費者	マインドとハートと精神をもつ全人的存在
主なマーケティング・コンセプト	製品開発	差別化	価値
企業のマーケティング・ガイドライン	製品の説明	企業と製品のポジショニング	企業のミッション，ビジョン，価値
価値提案	機能的価値	機能的・感情的価値	機能的・感情的・精神的価値
消費者との交流	1 対 多	1 対 1	多 対 多の協同

（出所）　コトラーら（2010）より筆者作成。

　フォード自動車のフォード（Ford, Henry）は「顧客は好みの色の車を買うことができる。好みの色が黒である限りは」といいました。この言葉がマーケティング 1.0 を象徴しています。この時代，消費者のニーズが多様である，という考えはありませんでした。また，消費者のニーズに企業が歩み寄るという発想もありません。マーケティングの重要な活動は製品説明であり，その説明においては燃費が良い，加速が良いといった製品・サービスの機能的な価値を謳っていれば，モノが売れた時代といえます。

　マーケティング 2.0 は，工業化時代が終わりを告げた後，情報化時代に登場しました。消費者の暮らしは豊かになり，多様な企業が多様な製品・サービスを次々と市場に導入する時代となりました。企業間競争が激化し，つく

れば売れるという状況は過去のものとなったため，主なマーケティング・コンセプトは製品開発から差別化へとシフトしていきました。

マーケティング2.0の主役は，豊かな時代において豊富な情報と多様なニーズをもった消費者です。その主目的は，消費者を満足させ，継続的な関係を築くことです。マーケティング2.0における消費者は，機能的便益だけで満足する消費者ではありません。マインドとハートをもった，より洗練された消費者は，機能だけでなく感情的な価値も求めるようになりました。

コトラーらによると，現在マーケティングは2.0から3.0に進化しつつあります。マーケティング3.0では，企業は人々を単なる消費者と見なすのではなく，マインドとハートと精神をもつ全人的存在，つまり一人の「人」として見なします。そして，マーケティング3.0の主目的は，単に製品・サービスを売ることを超え，さらに消費者を満足させることだけにとどまらず，世界をより良い場所にすることへと進化しています。このことは，先述のAMAの最新のマーケティングの定義が社会全体をもその対象に含むようになったことと無関係ではありません。

現在の消費者は，社会，経済，政治の急激な変化や自然災害の脅威に，これまで以上にさらされています。そのため，マーケティング3.0では，マーケティング・コンセプトを人間の志，価値，精神の領域に押し上げ，困難な時代の人々に解決策や希望，感動を提供することを目指します。ここで重視される価値は，機能的価値・感情的価値に加えて，精神的価値です。

マーケティング1.0ではモノを売ることが重要だったので，企業のマーケティングは製品説明が中心でした。2.0においては，競争が激化し，差別化が重要となったため，企業と製品のポジショニングが重視されるようにシフトしました。3.0においては，企業の社会的意義が問われるようになったため，企業のミッション，ビジョン，価値が重要となっています。さらに，ソーシャル・メディアの台頭により，消費者は低コストで情報を発信し，互いにつながることができるようになりました。このため，企業と消費者との関係は，「多対多」の協働へと進化しています（これらについては，後の章で

改めて説明します)。

マーケティング 3.0 は，2010 年に紹介された新しい考え方です。コトラーら (2010) は「今日のマーケターの多くがいまだにマーケティング 1.0 を行っており，なかにはマーケティング 2.0 を行っているものもいるが，マーケティング 3.0 に進んでいるものとなるとごく少数だ」と記しています (ここでいうマーケターとはマーケティング戦略を企画・立案・実施する人のことを指します)。

つまり，マーケティング 3.0 は今後ますます重要となってくる未来の到達点であり，マーケティング 1.0, 2.0 ともに現存しています。とくに，マーケティング 2.0 は現在もなお重要な考え方であるため，マーケティング初学者はこのことについて最初に勉強しておく必要があると考えます。

1.3 本書の構成

1.1 節では，そもそもマーケティングとは何かを学び，1.2 節ではコトラーらのマーケティング 1.0, 2.0, 3.0 を紹介しながらその沿革について学びました。では，本書ではどのようにマーケティングを勉強することができるのでしょうか。

前述のとおり，マーケティング 3.0 は未来の到達点であるため，本書はマーケティングの基本であり，現在多くの企業が実行している「マーケティング 2.0」に焦点をおいて書かれています。

本書は 3 つの部に分かれています。第Ⅰ部は「マーケティングの基礎」，第Ⅱ部は「マーケティングの 4P とブランド戦略」，第Ⅲ部は「マーケティングの道具箱」となっています。以下，順を追って説明していきます。

◯ マーケティングの基礎

第Ⅰ部「マーケティングの基礎」の構成は，つぎのとおりです。

まず，第2章でマーケティング戦略立案の基本と，マーケティング・ミックスについて学びます。マーケティングの基本は，自社の製品・サービスのターゲットを定義したうえで，彼らに買ってもらい，好きになってもらえるようにすることです。そのためには，企業はターゲットのニーズを満たすような製品・サービスを生産し，それを流通チャネルを通して消費者のもとに届け，ターゲットに受け入れられる価格で販売して，多くの消費者から広く認知され，好意的なイメージを抱いてもらえるように広告宣伝活動を行います。ここではマーケティング戦略立案のプロセスと，4Pすなわち製品（Product），価格（Price），流通（Place），プロモーション（Promotion）によって構成されるマーケティング・ミックスを学びます。

第3章では競争地位別のマーケティング戦略を説明します。「正しい戦略」はどの企業にとっても同じなのでしょうか。答えは否です。業界のトップシェアを誇る企業と，市場シェアの下位に位置する企業では，とるべき戦略が異なります。ここでは業界内で置かれた企業の地位に着目し，置かれた地位ごとに最適な戦略が異なることを勉強します。スポーツ選手がそれぞれの体格や得意な技に適した戦略で勝負するように，企業も保有する資源の質と量で競争を戦います。

つづいて第4章では，マーケティングの基礎として，外部環境・内部環境といった企業を取り巻く環境に適応し，市場機会を発見する方法を学びます。たとえば，スポーツの世界で勝負に勝つためには，天候，相手の能力，会場の特徴といった状況に適応する必要があります。しかし，そうした自分を取り巻く外部環境に適応するだけではなく，勝つための戦略と自分がもっている能力（内部環境）とが合致していることも重要です。さらに，市場において企業が勝つために把握しなくてはならない外部環境，内部環境の要因を学び，分析ツールとしてのSWOT分析を勉強します。また，こうした外部環

境を総合的に検討し，業界の魅力度を分析するモデルとしてファイブフォース・モデルを学びます。

○ マーケティングの4Pとブランド戦略

　第Ⅱ部のテーマは「マーケティングの4Pとブランド戦略」です。第5章から第8章では，マーケティングの4P（製品・価格・流通・販売促進）の各戦略を詳しく取り上げます。そして，第9章でブランド戦略について学びます。

〈 製　品 〉

　まず，第5章では製品について学びます。製品というと，自動車やお茶，チョコレートなどのモノが思い浮かぶかもしれません。しかし，消費者が自動車を買うときは，単にA地点からB地点へと移動できる四輪の鉄のかたまりを買っているわけではありません。消費者が自動車を買うときには，憧れや安全性，信頼性を同時に買っているのです。また，チョコレートを買うときには単にカカオが入った甘くて茶色い菓子を買っているわけではありません。あるときは贅沢な気分を，あるときはストレス解消を同時に買っているのです。このことは，製品は単なるモノではないことを示しています。

　マーケティングの基本は，自社の製品・サービスのターゲットを定義し，彼らに買ってもらい，好きになってもらうことです。そのためには，企業がターゲットのニーズを満たす製品を生産・販売することが不可欠なのです。

〈 価　格 〉

　第6章では価格について勉強します。ある製品・サービスを何円で販売するかという価格設定は，企業の売上や利益に直結します。そのため，価格の決定はマーケティングの中でもっとも重要な意思決定のひとつです。どんなにある製品・サービスを良いと思っても，価格が高すぎる，あるいは低すぎ

ると感じれば，消費者は財布を開くことはありません。ここでは，さまざまな価格の設定方法を学びます。

〈流通〉

第7章では流通を取り上げます。魅力的な製品をつくり，適切な価格を設定しても，それを販売する場がなければ消費者の手にわたることはありません。ある製品を販売する場所にはどのような選択肢があるのでしょうか。また，その場所に至るまでの流通経路は，どのように設計できるのでしょうか。ここではマーケティングの4Pのひとつである Place（場所）に焦点を当て，流通に関する基礎知識とその戦略について学びます。

〈広告・プロモーション〉

第8章では，広告・プロモーション（販売促進）を取り上げます。「製品・サービスが存在する」ということと，「製品・サービスが存在することを認識される」ということは別問題です。つまり，どんなに魅力的な製品・サービスを開発し，適切な価格を設定し，流通チャネルを確保していたとしても，そのことを消費者が知らなければ，その製品・サービスは存在しないに等しいのです。

では，どうしたら消費者に製品・サービスを知ってもらえるのでしょうか。そして，存在を認識するだけでなく，その製品・サービスに関心をもち，欲しいと思われるようになるにはどうしたらよいのでしょうか。こうした問いで重要な役割を果たすのが，広告・プロモーションです。ここでは，企業はどうやって消費者に製品・サービスについてコミュニケーションをとるのか，また，その方法や手段はどのようなものがあるのか，といった内容を学びます。

〈ブランド戦略〉

マーケティングの4Pを第5章から第8章で学んだ後は，全体を統合する

戦略としてブランド戦略を第9章で学びます。コトラーは，著書の中で「プロのマーケターにもっとも特有のスキルは，おそらくブランドを創造し，維持し，守り，向上させていく能力だろう」と記しています（コトラー，2002）。このことは，ブランドがマーケティングを形づくる要素の中でもっとも重要な要素のひとつであることを意味しています。

スーパーマーケットやコンビニエンス・ストアでは，数多くの製品が売られています。そうした中で，小売店の棚からすぐ消えて忘れられてしまう製品と，長く存在し愛され続ける製品との差はどうして，どのように生じるのでしょうか。このことにヒントを与えてくれるのが，「ブランド」です。ここではブランドとは何かを学んだうえで，ブランドを開発し，育成する戦略について学びます。

◯ マーケティングの道具箱

第Ⅲ部「マーケティングの道具箱」では，これまで学んできたマーケティング戦略を実践するためのツールとして，モデルや手法を学びます。

〈消費者行動〉

まず，第10章ではマーケティングの主役である消費者に焦点を当て，消費者行動の基礎とそのモデルについて触れます。製品やサービスが消費者から支持され，愛されるようになるためには，消費者の心の中で起きている変化プロセスを把握することが重要です。ある製品を認知してから購買されるまでにはどのような段階があるのでしょうか。広告に代表される企業が発信するメッセージは，消費者の中でどのように処理されるのでしょうか。ここでは，まず消費者とは何かを把握したうえで，消費者の購買意思決定プロセスを学びます。さらに，広告に焦点を置いた階層効果モデルを学びます。

〈マーケティング・リサーチと市場データ分析〉

　第11章では消費者を測定し，分析するための市場調査の種類や方法について詳しく勉強します。第10章で学ぶ消費者行動プロセスには，消費者の態度や行動といった用語が登場します。では，消費者の態度や行動はどのように把握することができるのでしょうか。製品・サービスの担当者は，「自分の製品・サービスは認知されているだろうか？」「好意をもたれているだろうか？」「利用者はどのようなニーズをもっているのだろうか？」といった疑問を常に抱えています。こうした疑問は勘や経験に頼っても解決されません。このようなときに答えやヒントをくれるツールが，マーケティング・リサーチと市場データ分析です。ここでは，消費者を分析し，企業の意思決定に活用するためのリサーチの手法を学びます。

　また，マーケティング・データの分析の新展開として，インターネット上のデータの活用を勉強します。インターネットはもはや限られた少数のユーザーのものではありません。身近になったインターネットは，消費者と企業を取り巻く環境を大きく変えました。そして，この環境の変化は消費者自身にも大きな変化をもたらしました。ここでは，インターネットが生み出したマーケティング・データの分析の新展開について触れます。

第Ⅰ部

マーケティングの基礎

第2章　マーケティング戦略立案プロセス
第3章　競争地位別マーケティング戦略
第4章　さらなる市場機会の発見
　　　　：ポジショニング・アプローチ

第 2 章

マーケティング戦略立案プロセス

　マーケティングの基本は，自社の製品・サービスのターゲットを定義し，彼らに買ってもらい，好きになってもらうようにすることです。そのために企業は企業や消費者の置かれた環境を分析し，ターゲットのニーズを満たすような製品・サービスを生産し，流通チャネルを通して消費者のもとに届け，ターゲットに受け入れられる価格で販売し，製品・サービスが広く認知され，好意的なイメージを抱いてもらえるように広告宣伝活動を行います。

　本章では，一連のマーケティング戦略立案のプロセスを学びます。そして，その中の重要なプロセスであるSTPと製品（Product），価格（Price），流通（Place），プロモーション（Promotion）の4つの手段の組合せ，マーケティング・ミックスを学びます。

○ KEY WORDS ○

マーケティング戦略，セグメンテーション，ターゲティング，ポジショニング，4P，マーケティング・ミックス

2.1　マーケティング戦略の位置づけとマーケティング戦略立案プロセス

　マーケティング戦略は，企業の策定する戦略のひとつです。マーケティング戦略は単体で独立して行われるものではなく，その他の企業活動と密接に連動しています。

　企業にはマーケティングの他にも研究開発，財務，人事，生産などさまざまな職能があり，それぞれの職能には戦略があります。マーケティング戦略は，機能別戦略のひとつです。それぞれの職能の戦略の上には，上位概念である企業戦略（全社戦略）があります。企業戦略は飲料事業，食品事業といった事業の枠を超えた，企業全体の戦略のことです。

　企業戦略は，どのような企業になりたいかという経営理念に基づいています。経営理念は経営に対する信念・価値観をあらわし，ステークホルダー（株主をはじめとした企業をめぐる利害関係者）への約束と考えることができます。個人に存在意義や使命があるように，企業にも社会における存在意義と使命があります。この企業の使命を具体的に実行するための方針が経営戦略なのです。

　たとえば，ある企業の経営理念が「人々の健康をサポートし，健やかな社会を実現する」であるとしましょう。企業はこの経営理念に合致するような企業目標を設定し，事業領域（ドメイン）を定めます。事業領域（ドメイン）とは，企業が行う事業活動の展開領域であり，簡単な言葉でいいかえると，「どの市場で戦うか」ということです。前述の経営理念に適した事業領域としては，食品，スポーツ用品，スポーツクラブ，医療機器などさまざまな分野が考えられます。企業はこうした事業領域のうち，どの事業領域で戦うかを決定します。

　事業戦略とは，たとえば食品，スポーツ用品，スポーツクラブ，医療機器

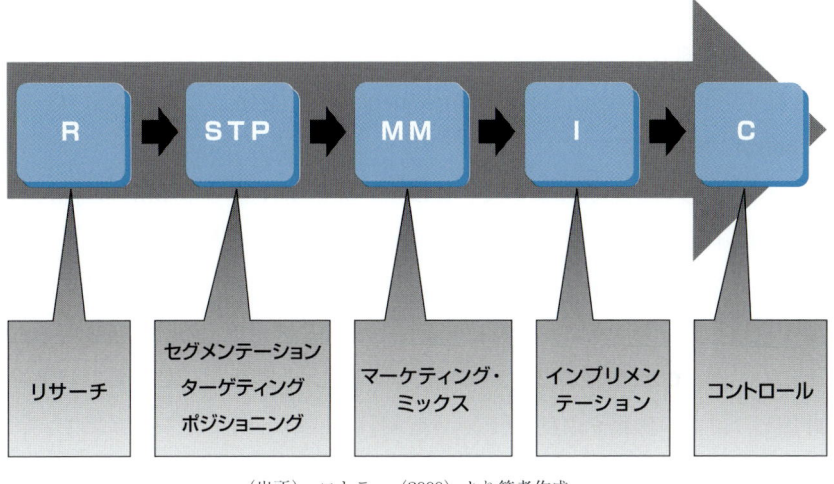

(出所) コトラー（2000）より筆者作成。

図2.1　マーケティング戦略の立案プロセス

など各事業の戦略を指します。これは，各事業が同様の事業を行う競争相手に対して優位性を確立するための戦略です。この事業戦略のうち，マーケティングにかかわる部分がマーケティング戦略なのです。では，このマーケティング戦略はどのように構成されているのでしょうか。コトラーはマーケティング戦略立案のプロセスを図2.1のような流れで紹介しています（コトラー，2000）。

Rとはリサーチ（Research）の頭文字ですが，これは調査という狭義のリサーチではなく，外部環境，内部環境についての包括的な現状分析を意味しています。

つぎのSTPとはセグメンテーション（Segmentation：対象となる市場の区分），ターゲティング（Targeting：標的とする区分の決定），ポジショニング（Positioning：自社（製品）の位置づけ）の略です。

MMとはマーケティング・ミックス（Marketing Mix）の頭文字で，製品（Product），価格（Price），流通（Place），プロモーション（Promotion）の4Pの最適な組合せを指します。

Iはインプリメンテーション（Implementation：実行），Cはコントロール（Control：統制）です。

このフレームワークにおいて，Rは「分析」，STPおよびMMは「計画」，IとCは「実行（および統制）」といいかえることができます。つまり，マーケティング戦略立案プロセスとは自社を取り巻く内部・外部の環境について「分析」を行い，そこから自社の製品・サービスが抱える課題を設定し，そこから得られた情報に基づいて「計画」をし，「実行」したうえで結果を評価し，計画の修正や改良を行う（「統制」）という一連のプロセスです。

たとえば，あなたは前述の「人々の健康をサポートし，健やかな社会を実現する」という経営理念を掲げている企業の社員だとします。そして，食品事業部に配属され，栄養サプリメント製品のマーケティングを担当しているとします。次節からは，この架空の事例に沿ってマーケティング戦略立案プロセスを学びましょう。

2.2　現状分析と課題の設定

○ R：現状分析

マーケティング戦略立案プロセスにおいて最初に行う作業は，担当製品・サービスの置かれた現状を分析することです。企業を取り巻く環境には外部環境と内部環境があります。そして，外部環境はさらに人口・経済・自然・技術・政治・法律・社会・文化といったマクロ環境と，顧客，供給業者，流通業者，業界構造，競争相手といったミクロ環境に大別されます。

人口や法律などのマクロ環境は対象商品とは遠い世界の問題に思えるかもしれませんが，実は密接に関係しています。たとえば栄養サプリメントの場合，人口問題の少子高齢化は重要な要因のひとつと考えられます。少子高齢化が進行した場合，重要な新製品開発の問題は子ども向けの製品開発ではなく，高齢者の生活やニーズにあった製品開発となるでしょう。また，栄養サプリメントの原料となりそうな素材の開発動向や，サプリメントを飲みやすい形状にするための技術なども，無視することができません。さらに，薬事法などの法律の動向も，当該事業と非常に関連が深いといえます。

ミクロ環境の分析には，顧客や競争相手の分析などが含まれます。栄養サプリメントの場合，顧客のニーズや類似製品を販売するライバル企業の新製品情報の分析などが欠かせません。また，栄養サプリメントの原材料メーカーである供給業者の動向も，分析する必要があります。

内部環境の分析は，自己分析です。担当する栄養サプリメントの強み，弱みを洗い出し，競争に勝つための手もちのカードを確認します。また，ロングセラー商品の場合は，過去の広告やキャラクターといった過去の資産も内部環境のひとつとして検討の対象となります。外部環境と内部環境については，それぞれ第4章の4.1節と4.2節で再度触れます。

これら外部環境と内部環境を同時に検討し，全体的な評価を分析する手法として，SWOT分析（スウォット）があります。SWOT分析は第4章の4.4節で詳しく紹介しますが，SWOTとは強みStrength（強み），Weakness（弱み），Opportunity（機会），Threat（脅威）の頭文字です。SWOT分析を行うと，強化すべき強みと，克服すべき弱みが複数リストアップされます。現状分析を行った後は，こうしてリストアップされた項目のうち，どれに着目してマーケティング戦略を立案するべきかを考えることになります。これがマーケティング課題の明確化です。

もし当該製品カテゴリーにおいて，そもそもカテゴリー自体に対してニーズがないような場合，ライバルに勝つことや自社製品のよさ以前に，製品カテゴリーのニーズ喚起がマーケティング課題となります。こうした事例は，

製品カテゴリーの新規性が高い場合にしばしば見受けられます。

仮にカテゴリー・ニーズは十分にあるとすると，つぎはそのカテゴリーにおいて自社の認知率が高いかどうかが問題となります。そもそも知られていないものが好感をもたれ，買われる可能性はきわめて低いといわざるを得ません。よって，カテゴリー・ニーズの問題はクリアしているのであれば，つぎのチェックポイントは自社のブランド認知が目標となるでしょう。

大企業の製品・サービスや，販売されてから長い期間が経過している製品の場合は，認知率は高いのが普通です。そのような場合は，つぎのハードルとして製品・サービスへの好意的態度があります。名前は知られているけれど好かれていない，有名ではあるけれどファンは少ない，というような場合は，好意的態度の形成が重要な課題となります。カテゴリー・ニーズがあり，自社の製品・サービスの認知率も好感度も高い，けれどもそれが売上に結びつかない，という場合もあります。そのような場合は，より直接的に売上につながる戦略を採用することが求められます。

事例で挙げた栄養サプリメントの場合，知名度の低さが最大の弱みかもしれません。あるいは，製品の属性（特徴）のうち，高価格が最大の弱みという結果になるかもしれません。こうして選択されたマーケティング課題を解決すべく，具体的なマーケティング目標が設定されます。

○ マーケティング目標の設定

仮に，マーケティング課題の明確化を行った結果，売上の低さが最大の弱みであるという結論に至ったとします。マーケティング目標の設定の段階では，売上に関する具体的な目標（たとえばアンケート調査において「購入すると思う」と答える購買意向率が50％となるなど）をマーケティング目標として掲げます。目標の設定は，目標の達成以外にもさまざまな意義があります。チームのメンバーが共通認識をもつことができる，というのもそのひとつです。通常，企業におけるマーケティングの仕事は，1人ではなくチー

ムで行います。また,広告代理店など社外のパートナーもマーケティングの企画立案と運営をサポートします。つまり,複数の多様な人が1つの仕事に携わるわけです。こうした中で,全員が同じゴールを認識し,同じ方向を目指すために,マーケティング目標は非常に重要です。

　また,マーケティング目標を達成した後の評価のためにも,マーケティング目標の設定は重要です。目標が設定されていなければ,事後に評価もできないからです。目標の達成度は,人事の成果報酬の基盤としても役立ちます。

　マーケティング目標は,登山にたとえると山頂のようなものです。そして,山頂に至るルートは,通常1つではありません。マーケティング戦略の世界も同じで,購買意向率50％というマーケティング目標を達成するための方法は複数あります。

　たとえば広告費を増加させ,積極的にテレビコマーシャルを出稿する,という戦略がありえるでしょう。あるいは,パッケージ・デザインを変更し,消費者の目につきやすくする,という戦略もありえます。流通チャネルに着目し,取扱店舗数を拡大して消費者が製品・サービスと接触する機会を増やす,という戦略もあります。このように,複数の戦略代替案を創出し,各戦略を実行した場合のプラス面とマイナス面を評価し,何を実行するかを決定します。

2.3　セグメンテーション,ターゲティング,ポジショニング (STP)

◯ S：セグメンテーション

　リサーチを終え,重要なマーケティング課題が明らかになった後は,セグメンテーション (segmentation),ターゲティング (targeting),ポジショニ

ング（positioning）の作業に入ります。この3つの頭文字をとって，STPと略されます。STPは，ターゲットとなる市場を確定し，そのターゲットに対して製品・サービスをどのように位置づけるかを決めるプロセスです。

　通常，市場は均質ではありません。異なったニーズをもった，異なった特性をもつ消費者のグループによって構成されるのが普通です。よって，ターゲットを決定する前段階として，まず全体市場をいくつかの部分市場（セグメント）に分ける作業があります。この比較的類似したニーズをもつ市場を発見し，グループ分けするプロセスをセグメンテーションと呼びます。セグメンテーションとは企業が対象とする全体市場を，一定のまとまりがある複数の市場に分割することです。

　セグメンテーションには，いくつかの方法があります。セグメンテーションの方法は，市場分割の基準といいかえることもできます。セグメンテーションを行うための基準を，セグメンテーション変数と呼びます（図2.2，表2.1）。具体例としては，地理的変数が挙げられます。消費者の住む地域によって気候や習慣が異なり，生活において異なったニーズをもっていることは容易に想像できるでしょう。地域，人口密度，気候，都市規模などが地理的変数の事例です。栄養サプリメントの事例で考えると，製品のひとつに花粉症に効果があるサプリメントがあったとしましょう。花粉症は住む地域によって発生状況が異なります。つまり，こうしたサプリメントのニーズが高い地域と低い地域があり，地理的変数は重要な変数のひとつであることがわかります。

　消費者のニーズは，年齢や性別によっても異なります。こうした人口統計的変数を，デモグラフィック変数と呼びます。デモグラフィック変数には，年齢，性別以外にも世帯規模，ファミリー・ライフサイクル，所得，職業，教育，宗教，人種，国籍などが含まれます。ここでいうファミリー・ライフサイクルには，未既婚の情報や，子どもの有無などが含まれます。独身かどうか，子どもがいるかどうかによって，消費者の生活環境やニーズが大きく異なることはいうまでもありません。

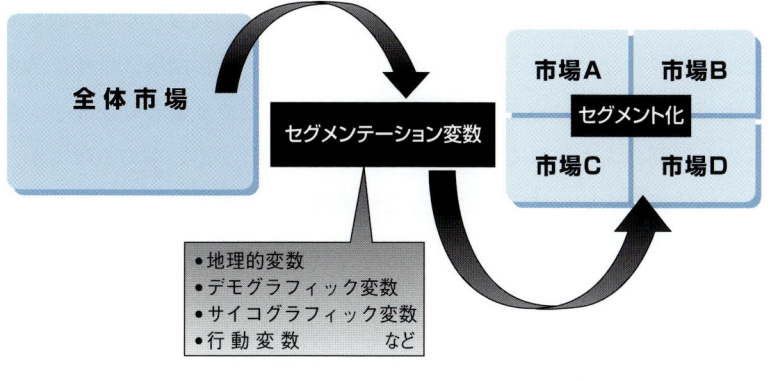

図2.2 セグメンテーション

表2.1 セグメンテーション変数の例

地理的変数	・地域 ・人口密度 ・気候 ・都市環境　　　　　　　　など
デモグラフィック変数	・年齢 ・性別 ・世帯規模 ・ファミリー・ライフサイクル 　（未既婚，子どもの有無など） ・所得 ・職業 ・教育 ・宗教 ・人種 ・国籍　　　　　　　　　　など
サイコグラフィック変数	・社会階層 ・ライフスタイル ・価値観 ・性格　　　　　　　　　　など
行動変数	・購買状況 ・使用頻度 ・使用者タイプ ・ロイヤルティ・タイプ ・求める便益 ・使用率　　　　　　　　など

2.3 セグメンテーション、ターゲティング、ポジショニング（STP）

性別，年齢が同じであれば，共通のニーズをもった1つの市場セグメントと見なしてよいとは限りません。同年代の同性でも，異なった価値観をもち，異なった消費行動を行うことはしばしばあります。社会階層，ライフスタイル，価値観，性格といった変数を**サイコグラフィック変数**と呼びます。新しいものを周囲の人より早く採用するかどうか，流行を追い求めるほうか，伝統的な価値観を大切にするかといった価値観は，消費者の購買行動に大きな影響を与えます。

サイコグラフィック変数によるセグメンテーションは消費者の「考え方」で消費者をグループ分けするものですが，消費者の「行動」でグループ分けする方法もあります。こうしたグループ分けの基準を**行動変数**と呼びます。購買状況，使用頻度，使用者タイプ，ロイヤルティ・タイプ，求める便益，使用率などがこれにあてはまります。

このうち，**使用者タイプ**とは，製品・サービスの使用状況です。具体的には，その製品・サービスを使っていない非使用者，以前は使っていたけれど何らかの理由で止めてしまった旧使用者，現在は利用していないけれど今後利用する可能性の高い潜在的使用者，はじめて使用した初回使用者，日常的に使用している定期的使用者に分けられます。ある製品のヘビーユーザーかどうかで，製品の使い方やニーズは異なります。よって，使用者タイプは重要なセグメンテーション変数であることが理解できると思います。

また，**便益**とはベネフィット（benefit）とも呼ばれ，製品・サービスから得る何らかの利益のことです。栄養サプリメントの例で考えると，製品に求める便益はダイエット，健康維持，病気予防などさまざまです。どのセグメントをターゲットにするかによって，製品・サービスの位置づけも広告で訴求するメッセージも変わります。

これまでセグメンテーション変数として地理的変数，デモグラフィック変数，サイコグラフィック変数，行動変数の4つを紹介しましたが，これ以外にも**製品カテゴリー固有のセグメンテーション変数**がありえます。たとえば胃薬の場合，胃痛の症状別にセグメンテーションをする，あるいは，顆粒，

カプセル，ドリンク，タブレットといった服用形態別にセグメンテーションを行う，など胃薬市場固有のセグメンテーションが可能です。また，自動車のアフターサービスの場合，法定車検など自動車市場の特殊事情があるため，購入後の経過年数によってセグメンテーションを行うことも可能です。

　いずれにしても，重要なセグメンテーション変数を選択し，多様化した市場をいくつかの均質なセグメントに分けておくことが重要です。

○ T：ターゲティング

　ターゲティングはSTPのTで，セグメンテーションが行われた後，「誰に話しかけるか」を決めることです。たとえば栄養サプリメントの事例の場合，ダイエット派，健康維持派，病気予防派の3つのセグメントが存在することが確認されていたとします。このうち，どのセグメントを狙うかを決めるのがターゲティングです（図2.3）。

　ターゲットを決定する際に，いくつかの考慮点があります。まず，試行性

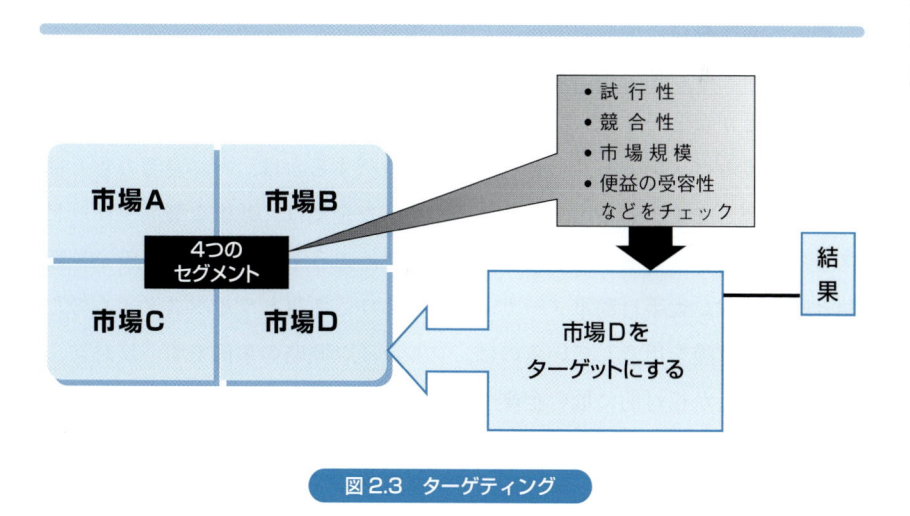

図2.3　ターゲティング

を確認しなくてはいけません。試行性とは製品・サービスを試し買いしてくれる可能性です。仮にデモグラフィック変数のうち所得でセグメンテーションを行い、年収2,000万円以上の高感度な消費者をターゲットと決定したとします。そのような人々が製品・サービスに関心をもって試し買いをすることが現実的かどうかについての確認が必要です。また競合性のチェックも重要で、ターゲットを確定する際には、自社のターゲットが競合他社の主要ターゲットになっていないかどうかを確認する必要があります。競合とはライバル会社のことです。狙いたいターゲットが、すでに競合他社に忠誠度が高いロイヤル顧客となっているような場合、ブランド・スイッチを促すのは一般的に困難です。

　つぎに考慮しなくてはいけないのは、市場規模です。ターゲットと決めたセグメントが十分に大きくないと、せっかくそのターゲットの間で売れたとしても売上高は小規模なものになってしまいます。前述の事例で考えると、年収2,000万円以上の高感度な消費者が人口に占める割合は微々たるものです。よって、ある程度の売上高を見込めるセグメントを選択することが重要です。

　最後の考慮点は、便益の受容性です。当然のことですが、その製品・サービスが提供できる便益と、ターゲットとなる消費者の求めるニーズが合致していることが重要です。

　どの市場セグメントをターゲットとして選択するかは、内部資源の質と量と深く関連します。ヒト・モノ・カネが豊富な企業は、多様な製品・サービスを多様なセグメントに売ることが可能です。こうした戦略をフルライン戦略と呼びます。大手自動車メーカーが、あらゆる所得とライフスタイルのために豊富な車種を用意しているのは、フルライン戦略の事例です。反対に、内部資源の量が相対的に低い企業では、小さな市場セグメントに集中したニッチ戦略を採用するのが賢明といえます。内部資源の質と量およびその戦略については、第3章で詳しく学びます。

　ほかにも、ターゲット選択の方法としては市場規模に着目して最大セグメ

ントを選択する，1つの製品・サービスをすべての市場セグメントに売る，まったく新しい製品・サービスなので，新しいセグメントをゼロから創出してターゲットとする，などの方法などが考えられます。

　ターゲットとする市場セグメントを決定したら，ターゲットを詳細に定義します。つまり，ターゲットのデモグラフィック属性やサイコグラフィック属性などを記述していきます。ターゲットとなる消費者が，24時間をどのように過ごし，どのような悩みをもち，どのような生活を望んでいるかを描くことは，後の戦略立案に非常に役立ちます。

○ P：ポジショニング

　ターゲットが確定したら，つぎは同種の競合の中で「この製品・サービスをターゲットにどう思われたいか」を決定します。「どう思われたいか」はつまり消費者の心にどのように「位置づけられたいか」であり，これがポジショニングです。

　どう思われるかという知覚された事実と，物理的な事実は異なります。原材料などの事実としては高品質なのに，低品質だと知覚される，あるいは万人向けの用途がある製品・サービスなのに，女性向けだと思われるなど，製品・サービスの知覚された事実と物理的な事実との間にはしばしばミスマッチが起こります。このミスマッチは脅威にもなりますが，考え方によっては機会に転じることもできます。つまり，製品・サービスの位置づけは，マーケティング戦略によって望ましい姿に変えることができる，ということです。

　ライズ&トラウト（1994）は，「マーケティングとは商品の戦いではない。知覚の戦いである」と指摘しています。このことは知覚の重要性，つまりポジショニングの重要性を物語っています。

　前述の栄養サプリメントの事例で考えると，ある原材料と効能をもつ1つの製品に関して「ダイエットをサポートしてくれる，自分へのプレゼント」「健康と長寿のためのお守り」「○○という病気のリスクを減らす，新しい健

康習慣」など，さまざまなポジショニングが考えられます。

　ポジショニング戦略の立案には，さまざまな切り口があります。栄養サプリメントのポジショニングは，すべて商品特徴や便益を謳ったものでした。「世界最軽量」「最低価格保証」などを広告している製品・サービスは，品質・価格の差別化ポイントによってポジショニングを行っている事例と考えられます。また，「食べる前に飲む胃腸薬」「朝の缶コーヒー」などは，使用用途を切り口に開発されたポジショニングです。この他にも，ユーザーのイメージや，文化的シンボルなどによってポジショニングを行うことができます。

　いうまでもないことですが，ポジショニングは消費者から受け入れられなければ意味がありません。消費者がどのようなポジショニングならば好意的な反応を示してくれるかを知るうえで，重要な役割を果たすのが第11章で学ぶマーケティング・リサーチです。企業はライフスタイル調査などの調査を実施して，消費者の生活やスタイルを分析することが重要です。こうした調査結果はポジショニング戦略の根拠となります。

2.4　マーケティング・ミックス（MM）の決定

　ターゲットが確定し，そのターゲットにどのように思われたいかというポジショニングが決定したら，当初のマーケティング目標を達成するために何をすればよいかの検討に移ります。つまり，具体的にどのような製品・サービスを，どのようなパッケージで包装し，何円で，どの店で販売するのか，そして，製品・サービスに関するメッセージをどのように消費者に伝達するか，といったことを検討します。つまり，製品戦略，価格戦略，流通戦略，プロモーション戦略の策定と組合せの決定です。

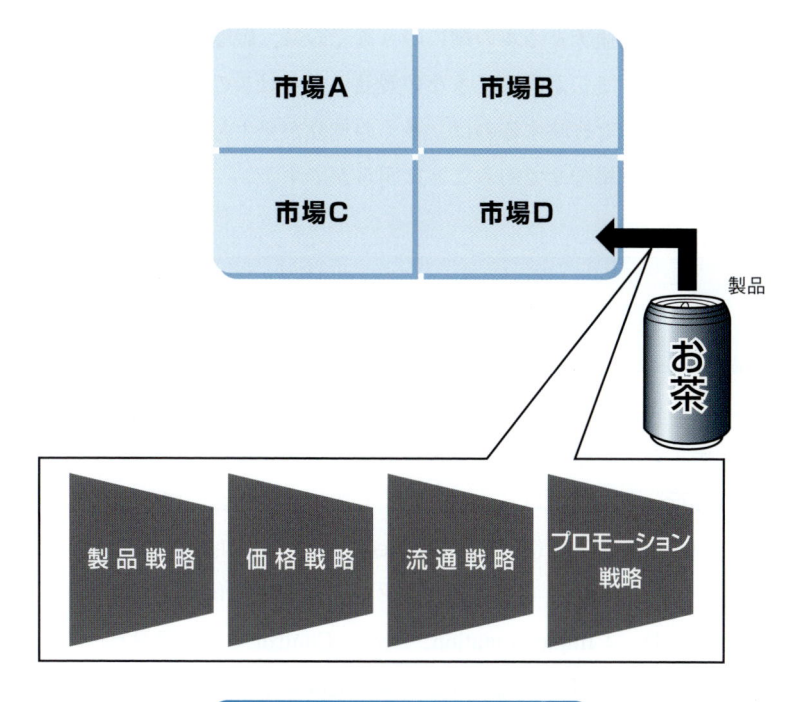

図2.4 マーケティング・ミックス

　マーケティング戦略は製品戦略（Product），価格戦略（Price），流通戦略（Place），プロモーション戦略（Promotion）の4つの戦略の組合せと考えることができます。この4つの頭文字をとって，製品，価格，流通，プロモーションの組合せをマーケティングの4P，あるいはマーケティング・ミックスと呼びます（図2.4）。

　製品，価格，流通，プロモーションの4つの項目については，本書の第5章～第8章の4つの章で詳しく学びます。ここでは各項目については詳しく触れませんが，効果的かつ効率的に戦略を遂行するためには4つの要因が高いレベルでフィットしていることが非常に重要であることに触れておきます。

　たとえば，低品質の製品・サービスに高価格を設定しても消費者に受け入

れられません。幅広いターゲットのための製品・サービスであるにもかかわらず，限られた流通チャネルの棚にのみ置くのは，戦略が誤っています。限定されたチャネルでしか購入できない製品・サービスのテレビコマーシャルを，大々的に全国で放映するのは，多くの無駄が発生します。これらの事例はすべて間違った組合せであることは明らかです。

2.5　マーケティング戦略の実行・統制

　マーケティング戦略立案プロセスの最後のステップは，インプリメンテーション（実行）とコントロール（統制）です。企業においてはどのような戦略も企画（plan），実行（do），評価（see）というプロセスを経て行われますが，コトラー流にいうと，マーケティング戦略の Plan-Do-See の Plan は STP と MM，Do は Implementation，See は Control です（図 2.5）。

　企画立案された戦略を実施することは，実は簡単なことではありません。さまざまな要因を統制しながら実行し，実施された後は目標の達成度を評価します。そして，戦略の優れた点や改善点を記録し，チームで話しあい，今後のセグメンテーション，ターゲティング，ポジショニングの修正や，マーケティング・ミックスの修正やアップデートに活用します。

　前述の「マーケティング目標の設定」では，具体例として「購買意向率 50％」という目標を掲げるケースを紹介しました。その目標を達成するための STP が行われ，マーケティング・ミックスが決定されたら，計画されたプランを実行に移します。実行後は調査などを実施し，戦略によって当初の目標である「購買意向率 50％」が達成されたかどうかを評価します。もし仮に達成できていなかったとしたら，マーケティング戦略立案プロセスのうち，どの部分に問題があったのかを検討し，つぎの戦略に活用します。首尾よく達成できた場合も，何が成功要因だったのかを振り返り，今後に役立て

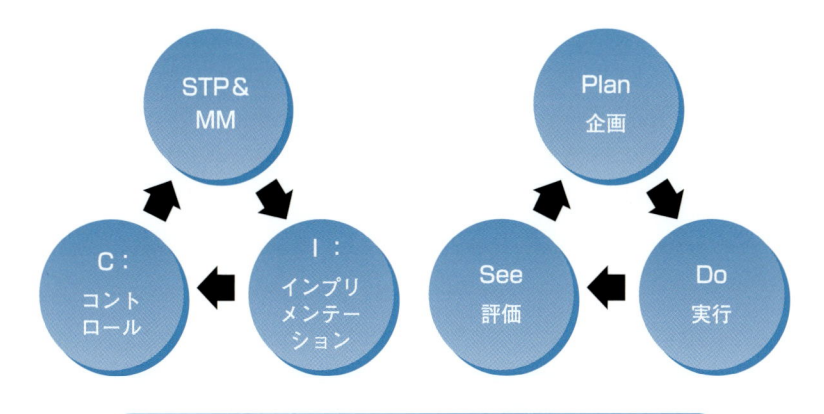

図2.5 マーケティング戦略の立案プロセスとPlan-Do-See

ます。

2.6 まとめ

　本章ではマーケティング戦略の位置づけを学び，全体的な企業戦略の中のマーケティングにかかわる機能別戦略であることを学びました。そして，事例に沿ってマーケティング戦略立案プロセスを学びました。さらに，セグメンテーション，ターゲティング，ポジショニング（STP）および製品（Product），価格（Price），流通（Place），プロモーション（Promotion）の4つの手段の組合せ，マーケティング・ミックス（MM）を学びました。製品，価格，流通，プロモーションの4つの要因は，マーケティングにおいて非常に重要なトピックスであり，それぞれの要因で1冊の教科書が成立するほど深いものです。第5章～第8章において，各項目をより詳しく勉強していきます。

演習問題

2.1 企業を1つ選び，ウェブサイトで経営理念を調べてみましょう。

2.2 好きな製品・サービスを1つ取り上げ，マーケティング・ミックスを調べてみましょう。どのような製品・サービスを，いくらで，どのような流通チャネルを用いて消費者に届けていますか。また，その製品・サービスはどのような広告を行っていますか。

第3章

競争地位別マーケティング戦略

　「正しい戦略」はどの企業にとっても同じなのでしょうか。答えは否です。業界のトップシェアを誇る企業と，市場シェアの下位に位置する企業では，とるべき戦略が異なります。本章では業界内で置かれた地位に着目し，置かれた地位ごとに最適な戦略が異なることを勉強します。

○KEY WORDS○
リーダー，チャレンジャー，ニッチャー，フォロワー

3.1 競争地位別の4つの分類

コトラーは，その企業の市場シェア（あるカテゴリーの売上に占める割合）は，業界内で置かれた地位をあらわすとしています。そして，シェアが高い順に企業をリーダー，チャレンジャー，フォロワー，ニッチャーの4つに分け，それぞれの地位ごとに最適なマーケティング戦略を紹介しました。リーダーは業界1位のシェアをもつ企業，2番手あるいは同等で，リーダーを脅かす地位にある企業がチャレンジャー，3番手もしくはそれ以下の地位にある企業がフォロワー，3番手以降の企業のうち，独自の機能やセグメントなどに特化した企業がニッチャーとなります。

表3.1は，2019年のメーカー別新車登録台数・軽乗用車販売数をまとめたもので，販売台数の面から各メーカーの市場シェアをとらえたものです。これをみると，トヨタ自動車が圧倒的なシェアを誇っており，トヨタ自動車がリーダーとして位置付けられます。続くホンダは2番目に大きいシェアを持っており，スズキ，日産自動車，マツダ，SUBARU，三菱…と続きます。

コトラーの競争地位による企業の4分類は，シェアの順にざっくりと分けられます。シェアの低いフォロワーとニッチャーは，独自の専門領域の有無によって分類されていますが，「マツダは独自性をもっているし，ニッチャーではないか？」「ホンダは二番手ではあるが，チャレンジャーと言えるのか？」といった議論は容易に考えられます。明らかなリーダーは分類に関して議論が分かれる余地はありませんが，その他の3つについてはまったく疑問なく分類できることのほうが現実には稀であることに留意する必要があります。コトラーは自著の中でリーダーがシェア40％，チャレンジャーは30％，フォロワーが20％，ニッチャーが10％のシェアをもっているような仮想的な市場を設定し，説明をしています（コトラー，2001）。つまり，現実世界の市場を取り上げて議論してはいないのです。それでも，このコトラ

表3.1 メーカー別新車登録台数・軽乗用車販売数・割合（2019年）

会社名		台 数	割合（%）
トヨタ	トヨタ	1,547,173	29.8%
	ダイハツ	658,849	12.7%
	レクサス	62,394	1.2%
	計	2,268,416	43.7%
ホンダ		722,075	13.9%
スズキ		696,014	13.4%
日 産		567,643	10.9%
マツダ		203,580	3.9%
SUBARU		131,261	2.5%
三 菱		103,486	2.0%
いすゞ		81,442	1.6%
日 野		69,791	1.3%
三菱ふそう		41,272	0.8%
UDトラックス		10,388	0.2%
その他		299,848	5.8%
合計		5,195,216	100.0%

（資料）日本自動車販売協会連合会・日本軽自動車協会連合会調
（出所）一般社団法人日本自動車工業会　自動車統計月報 Vol.54 NO.6 2020-9

ーの4分類が実際によく用いられるのは，おおよその4分類が現場の意思決定者にとって使い勝手がよく，直感的に理解しやすいためだと考えられます。

　なお，競争地位別のマーケティング戦略の議論は，市場シェアによって業界内の地位が決まっていて，互いにシェアを奪いあうような状況を想定しています。つまり，すでに学んだ製品ライフサイクルにおいて，成長期の後期から成熟期において戦略を考えるうえで，有効な考え方であるといえます。次節よりそれぞれの戦略を詳しく勉強します。

3.2　リーダーの戦略

　リーダーとは，市場において最大のマーケット・シェアをもっている企業

を指します。リーダーは一般に価格変更，新製品導入，流通，販売促進などにおいて市場をリードする立場にあります。また，同業他社からその支配力は認められています。競争企業にとっては，目標であり，挑戦相手であり，模倣をする手本であり，正面からの競争を避けて通る相手でもあります。リーダーは市場で大きな発言力や自由裁量度をもちますが，その分リスクも大きく，地位を維持することは容易ではありません。

なお，表3.1の国内自動車市場の事例ではリーダーであるトヨタ自動車が圧倒的なシェアを誇っていますが，業界によっては2位，3位が肉薄している市場シェア構造の場合もあります。そうした場合は，リーダーは複数になります。

○ リーダーの戦略

リーダー企業の最大の目標は，現在のシェア，利潤，名声を維持することです。まず市場全体の維持・発展に注意を払い，市場全体の成長にとって有効な戦略を採用することが必要になります。製品戦略はフルライン戦略をとります。フルラインとは当該カテゴリーにおいてあらゆる製品ラインを揃えているということです。自動車でたとえると，スポーツカーも，高級セダンも，ファミリー向けSUVも製品ラインとして保有するということです。

ターゲットは全顧客セグメントをターゲットとするフル・カバレッジ戦略を採用し，多くの顧客（市場シェア）を獲得することを目指します。同じように自動車でたとえると，富裕層も，低所得者層も，女性も，ファミリーも，走りにこだわるマニアも，すべてターゲットとし，それぞれのニーズにあう製品を提供するということです。フルラインをフル・カバレッジで提供する際には，業界リーダーとしての名声とイメージを傷つけないように注意することが求められます。

リーダーの現在の地位を維持するためには，大きく分けて以下の3つの方法が挙げられます。

〈① 総市場規模（市場の需要）をより大きくする方法を見つけだすこと〉

　市場そのものが大きくなれば，リーダーは大きなメリットを享受することができます。新規拡大需要は，既存市場シェアに応じて分配されるためです。ハンバーガー市場の例でたとえると，ランチの定番として和定食や牛丼，カレーではなくハンバーガーを選んでもらうような戦略をとり，市場の拡大をはかることです。リーダーは製品の新規ユーザー，新しい用途，使用量の増加を追求することで，市場の拡大をはかることが可能です。

- 新規ユーザーの獲得

　どのような製品・サービスでも，その製品の存在を知らない消費者や，不満があるため購入しない潜在購買者がいます。製品を使っていない消費者に使うようにさせる市場浸透戦略，新しいセグメントに使用させる新市場開拓戦略，他地域で売る地域拡大戦略によって，新規ユーザーの獲得が可能となります。

- 新しい用途の提案

　その製品の新しい使い方を見出し，広めることによって，市場全体が大きくなります。食品メーカーや調味料メーカーが新しいレシピをテレビコマーシャルで提案する背景にはこうした利点があると考えられます。多くの場合，新しい用途を発見するのはユーザーなので，消費者の使用法を定期的に調査観察することが重要です。

- 使用頻度・量の増加を促す

　1回あたりの使用量を増加させることも方法のひとつです。消費者が普段使用している量よりも，倍使うことがよいということになれば，売上は倍増します。たとえば「2度洗い」を奨励すれば，洗剤の使用量は2倍となります。

〈② 攻撃的・防衛的戦略により現在の市場シェアを維持確保すること〉

　全体市場の規模を拡大しようとする一方，リーダーはライバルの攻撃から

3.2 リーダーの戦略

現在の地位を守らなくてはなりません。そのためには絶え間ないイノベーションの創造が必要となります。たとえば，新しい製品や顧客サービスを開発する，流通の効率を向上させる，コストを低減する，といったあらゆる側面で業界を主導することが重要です。

〈③市場規模が一定であっても，自社の市場シェアをさらに拡大すること〉

多くの場合，リーダーは市場シェアを増やすことにより，収益を向上させることができます。具体的には，市場シェアの上昇につれて，単位あたりの生産コストが低下する場合，高い市場シェアが高い収益を生みます。単位あたり生産コストは，規模の経済性と，経験効果によって低下します。規模の経済性とは，ある一定期間に生産する数量が大きくなるほど，製品１つあたりのコストが下がる効果のことです。また，経験効果とは，その製品の生産を始めてからの累積生産量とともに，単位生産コストが低下する効果のことです。このような場合においては，そのカテゴリーにおける最低コスト水準を熱心に追求し，低価格を実現することが重要です。

リーダー企業がとるべき戦略のひとつに，同質化戦略があります。同質化戦略とは，チャレンジャーなど競合他社の先発製品のうち有望なものに着目し，同質なものを市場に投入する，という戦略です。つまり，真似をするということです。これにより市場におけるリスクを回避し，確実に成功する製品で戦うことができます。トップシェアを誇るリーダー企業であれば，他社と同質化競争をしても，その優位な経営資源（流通経路，イメージ等）ゆえに，ライバルより優位に立つことができるのです。

しかし，常に同質化戦略をとっていると，徐々に市場から不満が発生するでしょう。近年，ユニークであること，業界初であること，オリジナルであることが重視される傾向が強まっています。リーダーは高い企業イメージを維持するために，安易な模倣をすることは望ましくありません。先発成功者を十分に分析し，同質化するだけでなくさらなる改善を加えることが望まれます。

◯ リーダーの弱み

　リーダーにも弱みはあります。1つめは，意識的弱みです。リーダーはその市場シェアの大きさ，存在感から常に競合他社からそのポジションを狙われています。正面からその強さに挑戦してくる企業もあれば，弱点を突いてくる企業もあります。リーダーは厳しい経済環境を想定して投資に消極的になってしまったり，あるいは地位を守ることに躍起になり，コスト意識が薄れ，利益を圧迫してしまったりする場合があります。また，長年市場においてトップシェアを誇っているがゆえに，新顔の魅力的なライバル企業に比べて古臭いイメージをもたれてしまう場合もあります。

　2つめの弱みは，規格の変化への対応です。製品やサービスの規格が変わり，競争のルールが大きく変わってしまった場合，既存のルールで強みを発揮してきたリーダーは不利な立場に追いやられます。

3.3　チャレンジャーの戦略

　チャレンジャーは市場シェアの面で2番手の地位にある企業で，市場シェアを拡大すべく積極果敢にリーダーなどの競合他社を攻撃するポジションにあります。リーダーが業界内での地位を活かして全方位的に領域を拡大していこうとするのに対し，チャレンジャーは選択的に領域を広げようとするのが特徴です。チャレンジャーは差別化された新製品をいち早く市場に導入することによって，1位たるリーダーの市場シェアを奪うことができる立場にあります。

　なお，リーダーが場合によっては複数存在しうるのと同様に，2番手に位置する企業が肉薄して複数存在する場合，市場に複数のチャレンジャー企業が存在することになります。

○ チャレンジャーの戦略

　チャレンジャー企業の目標は，リーダーを目指して市場シェアの拡大をはかることです。リーダーと同様にカテゴリー内の主戦場で競争をしますが，徹底した差別化を行う必要があります。差別化は基本的に市場ニーズにフィットしたものであると同時に，リーダーが同質化（真似）できないものであることが必要です。目先の利潤のために投資を控えたり，名声・イメージにとらわれたりせず，思い切った戦略をとらなければ，リーダーをしのぐ市場シェアを獲得することは困難です。

　差別化は，製品・サービス，価格，流通チャネル，販売プロモーションなど，4Pのすべての領域で実行することができます。その際に，チャレンジャー独自の経営資源に裏打ちされた差別化や，相手の事情を利用した差別化など，リーダーが同質化できないような差別化を心がける必要があります。たとえば，伝統的な流通チャネルからの反発を恐れて新規の革新的チャネルに手を出しにくいリーダーの立場を突いて，革新的チャネルに集中的な努力を向けるのは，流通上の差別化と位置づけることができます。

　チャレンジャーは，具体的には以下のような戦略が有効です。

① **価格引き下げ戦略**：リーダー企業と同品質の製品を，安い価格で市場に提供する戦略です。この戦略が機能するためには，自社の製品がリーダー企業の製品と同等の品質であるということを，買い手が納得できることが重要です。また，買い手が値下げに敏感に反応すること，リーダーが対抗して値下げをしないことも，成功の条件です。

② **大衆価格製品戦略**：高級品でない，中級ないしはそれ以下の品質の大衆普及品を思い切った低価格で発売していく戦略です。価格志向の強い消費者が大きな市場セグメントを形成しているときに有効です。

③ **高品質高価格戦略**：上記①，②の逆の戦略で，リーダーより高品質かつ高価格の製品を提供する戦略です。

④**製品増殖戦略**：同一の製品分野でリーダーの製品ラインに比べ，きわめて多くの機種を揃える戦略です。製品ラインを揃えるためにはヒト・モノ・カネといった経営資源が必要とされます。よって，この戦略は後述のニッチャーやフォロワーには選択できない戦略といえるでしょう。

⑤**製品イノベーション戦略**：画期的な新製品でリーダー企業の地位を奪い取る戦略です。このイノベーションにより，消費者も大きな利便性と便益を享受することができます。

⑥**サービス改善戦略**：新しいサービスを提供したり，サービスの質を高めることによってリーダー企業を攻撃する戦略です。

⑦**流通イノベーション戦略**：新しい流通経路を開発して，シェアを伸ばしていこうとする戦略です。⑤が製品そのものに関するイノベーションだったのに対し，こちらは売り方におけるイノベーションと位置づけられます。

⑧**製造コスト低減戦略**：より効果的な原料購入，安価な労働力，近代的な製造設備によって低コスト化を達成し，価格競争力を高めてシェア拡大をはかる戦略です。

⑨**広告・販売促進強化戦略**：広告・販売促進の投下量を増大させる，あるいは，クリエイティブの質を高める戦略です。多額の費用を投入することから，製品の品質や広告表現が格段に優れていないと，シェアの拡大と利益の増大にはつながりません。

さて，チャレンジャーの攻撃対象は，リーダーだけにはとどまりません。チャレンジャーはリーダーからシェアを奪うだけでなく，同レベルの企業や格下の企業とも競争する場合があります。

〈①対リーダー企業〉

リーダーを攻撃する戦略は大きなリスクがともないますが，同時に大きな

見返りも見込めます。リーダーが市場の要求にうまく応えていない場合には，十分に勝算があるといえます。また，消費者のニーズや不満を検討し，大きな市場セグメントのニーズが放置されているような場合は，積極的にこのセグメントに対してアプローチをするべきでしょう。

リーダーを攻撃対象とする場合，技術革新により競争のルールを変えるという手法があります。リーダー企業と異なる規格で市場を創造することができる場合，その戦略は同質化されにくく，非常に強力なものとなります。

〈②対同規模企業〉

規模が自社と同程度の企業を攻撃するという選択もありえます。提供する製品が古くなっていたり，価格設定が高すぎたり，あるいは他の点で顧客を満足させていないような企業は，攻撃しやすいターゲットと考えられます。

〈③対小規模企業〉

小規模な企業を攻撃するという選択もあります。一部地域だけで製品・サービスを提供している小規模企業などがこれにあたり，経営資源の量も質も自社より劣るような企業です。このような企業を攻撃する場合は，完全にその企業のシェアを奪い取ることも可能です。

3.4　ニッチャーの戦略

ニッチャーとは，シェアの面で市場においてリーダー，チャレンジャーに次ぐ位置にある企業のうち，特定の市場セグメントに重点を置き，そのセグメント内では高い支持を得ている企業を指します。市場規模が小さいという理由で，他社が踏み込まないセグメントを狙い，その部分で圧倒的地位を築こうとする，あるいは築いている企業です。小さくてもきらりと光る中小企

業は，典型例といえます。

　かつてニッチャーは中小企業が大方を占めていましたが，最近では大企業においてもニッチに対応できる部門や子会社の設立が進んでいます。こうして企業が小さなセグメントに注目するのは，ニッチ市場に集中する戦略によって高収益を上げることが可能なためです。

　ニッチャーはターゲットの対象となる小さなセグメントの顧客を熟知し，うまくそのニーズに対応することができるため，高収益を上げられます。つまり，利益率が高いのです。顧客の嗜好が多様化した今日，規模は小さくとも，その市場で独占的なシェアを有することで高い収益を上げている企業は少なくありません。

◯ ニッチャーの戦略

　ニッチャーは特定の市場をニッチ（隙間）と見なして，効率性と高度な専門性を訴求することによって，生存領域から成長領域を確保します。ニッチャーは棲み分けさせられた小さな市場内での一種のミニ・リーダーであるため，その戦略原則は，リーダーの原則と類似します。つまり，そのニッチ市場の周辺需要拡大，同市場内での非価格競争，他の参入弱小企業の成功に対する改善同質化の実行，が行動原則です。

　ニッチャーの最大の目標は，利潤・名声・イメージの追求です。競争の優位性が活かせる特定セグメントに集中・専門化することによって，そこでの利潤と名声・イメージが可能になります。

　ニッチャー成功の鍵となる考え方に，専門化があります。市場カテゴリーの主戦場は，多くの消費者がいる大規模なセグメントです。こうした市場においては多くの人を同時に満足させるような最大公約数の製品・サービスを提供することが重要になります。一方，ニッチ市場においては，ピンポイントにターゲットを絞った製品・サービスを提供します。ニッチャーの専門化行動には以下が挙げられます。

①サービス専門化：他の企業では提供しない，あるいはできないサービスを提供する。
②チャネル専門化：1つのタイプの流通チャネルにのみ特化する。
③特定需要専門化：単一の特定需要顧客層にのみ専門化する。
④垂直的専門化：生産と流通の垂直的サイクルの中の，ある特定レベルに専門化する。たとえば金属を扱う企業であれば，原材料のみ特化する，完成品のみに特化するなどが挙げられる。
⑤顧客サイズ別専門化：小・中・大規模な顧客サイズのどれかにのみ販売を集中する。リーダーやチャレンジャーが無視するような小規模の顧客を対象に専門化することが多い。
⑥特定顧客向け専門化：1つか，ごく少数の顧客だけに販売を限定する。たとえば調味料メーカーが特定のスーパーマーケットに対してのみ販売する，といった事例がこれにあてはまる。
⑦特定地域専門化：ある特定の地域，地方，国のニーズに焦点を絞り販売する。
⑧特定製品（ライン）専門化：1つの製品ないし製品ラインのみを生産する。
⑨製品の機能特性別専門化：製品の特定のタイプや機能特性に特化する。
⑩注文生産専門化：顧客注文製品やオーダーメード製品のみをつくることに特化する。
⑪特定製品価格専門化：価格に関し市場の最高部ないしは最低部の製品のみを対象とする。

　消費財では，高品質・高価格市場のニッチャー戦略がよくみられます。また，産業財では，高級市場に集中するのではなく，特定顧客へのターゲット限定や特定用途向け製品への集中などが顕著です。
　ニッチャーの目指すべきものは，参入障壁・先発者優位性の確立です。参入障壁とは，外部企業に市場への参入を思いとどませるような条件のことで

す。ニッチャーにとっての目標が，特定市場での専門化によって収益を拡大すること，もしくは名声・イメージの増大をはかることであるのは先に述べたとおりです。しかし，ニッチャーにとって自社が提供する製品・サービスがニッチでなくなってしまうと，その効果が薄れてしまいます。

経営資源の乏しいニッチャーは，リーダーやチャレンジャーなどに参入されると，市場を奪われてしまいます。ニッチ企業はニッチ市場での独占を維持するため，参入障壁や先発者優位性を形成することが重要となります。たとえば消費者のニーズを的確にとらえた新製品を開発し，顧客に提供しつづけることによって，消費者の高いロイヤルティを確保することや，自社だけが利用できる販売チャネルの確保することなどが挙げられます。

特定のセグメントに対して専門化を行うニッチャーの戦略は，短期的な収益は大きいですが，小さな市場セグメントだけに依存して成長を続けることは困難です。それゆえ，企業は製品の成熟期に長期間にわたって売上を維持することが多いのです。典型的には歴史をもつ老舗製品事業として，消費者や流通業者から実績の構築を目指すことになります。

もうひとつの考え方は，新たな成長を求めてニッチャーからチャレンジャーへの転換を目指す，というものです。それまでのニッチ市場で蓄積された技術力やブランド力等の経営資源を基盤とし，より大きな製品市場に進出するという戦略です。

3.5　フォロワーの戦略

フォロワーは市場シェアが小さいという意味ではニッチャーと同じですが，ニッチャーと異なり高い専門性や独自の強みはありません。また，フォロワーはチャレンジャーとは異なり，リーダーを脅かすことはありません。波風を立てず，リーダーの後を追う戦略をとります。フォロワーの場合，市場内

での存続を目標とします。その方法は，リーダーやチャレンジャーがすでに展開しているもののうち，効率的に自社が展開できるものを模倣していく，というものです。高付加価値を謳うことはできないので，模倣品を低い価格で提供することになります。それにともなってチャネル戦略も低価格志向のチャネルに集中することになり，ターゲットも質よりも低価格であることを重視するセグメントとなります。フォロワーは競争市場内で生き延びることを目標にしながら経営資源の蓄積に励み，ニッチャーやチャレンジャーへの移行に努めることが最善の策です。

　市場内での存続を目標とするフォロワーにとって，戦略の基本は模倣です。リーダーやチャレンジャーといった大手企業に新製品開発やテスト・マーケットを任せ，そこで成功のめどのついた方法を迅速に模倣します。新製品開発は多大なコストが発生し，経営資源の量・質ともに乏しいフォロワーにとってはそのコストを負担することが困難なためです。

　模倣製品は，安い価格で提供します。ターゲット層は，価格に敏感に反応し，低価格消費を求める，経済性セグメントです。この戦略の最大の魅力は，収益性の高さにあります。すでに存在する製品・サービスの模倣をするため，研究開発コストが抑えられます。また，新製品普及や使用方法の啓蒙といったプロモーション活動は，リーダーやチャレンジャーなどの大手企業に任せるため，この分野でのコスト低減も可能です。さらに，模倣の対象となる製品はすでに一定の成果が出ているので，売上予測が立てやすいといったメリットもあります。模倣していれば市場シェアにおいてリーダーを上回ることはできなくても，リスクは最小限に抑えることが可能です。

　単に模倣するのではなく，独創性のある改良品を市場に投入し，市場を刺激するという戦略をとることもできます。このような企業は，将来チャレンジャーに成長することがあります。リーダーが開拓した市場をそのままターゲットにするのではなく，自らの手でプラスアルファを加えることにより，さらに別の市場セグメントを取り込んでいくことも可能です。

　将来的にはこうした成長を遂げることもありますが，まずは少なくとも大

企業との競争を回避し，市場で生き残ることが第一です。そして，ある程度の利潤を上げながら，経営資源を蓄積していくことが重要です。いいかえれば，企業の存続を確実なものとしながら，したたかに成長の機会をうかがうことがフォロワーの戦略なのです。

3.6 まとめ

　本章では，市場における競争上の地位によってリーダー，チャレンジャー，ニッチャー，フォロワーの4つの分類があることを学びました。それぞれの企業の目標，競争の基本方針，ターゲット，製品戦略，チャネル戦略，プロモーション，価格は表3.2にまとめてあります。

　また本章では，この競争地位別4分類に基づいて，競争地位別のマーケティング戦略を学びました。この地位別のマーケティング戦略を，相対的経営資源の量と質によって見直したのが嶋口・石井（1995）です。彼らは相対的経営資源の量・質ともに優れている企業をリーダー，経営資源の量は優れているが，質ではリーダーに劣るのをチャレンジャー，量的経営資源は劣るが，卓越した質的経営資源をもつ企業をニッチャー，経営資源の量・質ともに劣る企業をフォロワーと呼んでいます（表3.3）。

　量的経営資源とはヒト・モノ・カネにかかわる市場内の蓄積された力のことです。具体的には，営業所の数，生産能力，投入資金力，社員数などがそれにあたります。たとえばソフトドリンクを製造販売する企業であれば，自動販売機の数も量的経営資源にあたります。量的経営資源は，通常大企業が多く保有しています。

　一方，質的経営資源は無形の企業の技といえます。具体例としては，企業イメージ，ブランド・イメージ，品質，広告・営業ノウハウ，流通チャネル管理力，技術水準，トップのリーダーシップなどが挙げられます。これは，

表3.2 競争地位別4分類のまとめ

	リーダー	チャレンジャー	ニッチャー	フォロワー
目標	現在のシェア，利潤，名声の維持	リーダーを目指して，市場シェアの拡大をはかること	利潤・名声・イメージの追求，マイペースの成長	市場内での存続
競争の基本方針	全方位型	差別化	専門化	先発商品の模倣による代替品の提供
ターゲット	フル・カバレッジ	セミ・フルカバレッジ	狭いセグメントへの集中	経済性セグメント
製品戦略	フルライン	セミ・フルライン（主戦場で深いライン）	狭く深いライン，独自性のある製品	浅い製品ライン
チャネル戦略	開放型	リーダーと差別化をはかる	狭いチャネル	低価格志向のチャネルに集中
プロモーション	中〜高水準	リーダーと差別化をはかる	ターゲット・媒体を絞りこむ	抑える
価格	平均〜やや高め	リーダーと差別化をはかる	高め	低め

表3.3 経営資源と競争地位

相対的経営資源		量	
		大	小
質	高	リーダー	ニッチャー
	低	チャレンジャー	フォロワー

（出所）嶋口・石井（1995）

企業の規模とは比較的関係がありません。小さな企業でも，卓越したブランド・イメージを築いている例は多くあります。また，富裕層向けの高級ブランドの中には，少人数の職人が手づくりで生産し，高いブランド力を誇る場合がありますが，こうした企業は大規模な工場を抱えているわけではありません。つまり，量的経営資源と質的経営資源は必ずしも比例するわけではありません。

市場シェア，経営資源の量と質など，企業の分類の方法は異なるものの，市場における地位によってとるべき戦略が異なるというメッセージは同じです。自社が競争地位についてどのような状況にあるのか把握をし，適切な戦略を実施することが重要です。

演習問題

3.1 関心のある市場を1つ取り上げ，その市場で競争する企業の市場シェアを調べてみましょう。そして，リーダー，チャレンジャー，ニッチャー，フォロワーをあてはめてみましょう。

3.2 3.1で調べた各企業は，それぞれどのような製品をどのようなターゲットに対して提供しているか，企業ホームページから調べてみましょう。

第4章

さらなる市場機会の発見：ポジショニング・アプローチ

　スポーツの世界で勝負に勝つためには，天候，相手の能力，会場の特徴といった状況に適応する必要があります。しかし，そうした自分を取り巻く環境に適応するだけではなく，勝つための戦略と自分がもっている能力とが合致していることも重要です。

　本章では，市場において企業が勝つために把握しなくてはならない外部環境，内部環境の要因を学びます。そして，外部環境を総合的に検討し，業界の魅力度を分析するモデルとしてファイブフォース・モデルを学びます。また，分析ツールとしてのSWOT分析を勉強します。

○ *KEY WORDS* ○

外部環境，内部環境，ファイブフォース・モデル，SWOT

4.1 外部環境

　あなたは飲料メーカーに就職して，お茶飲料のマーケティングを担当することになりました。このお茶飲料を成功させるためには，第2章でも述べたように製品を取り巻く外部環境を把握し，適応することが重要です。

　では，具体的にはどのような要素が外部環境に含まれるのでしょうか。まず，製品を購入する顧客が挙げられます。マーケティングの大きな特徴のひとつは，製品や技術，企業組織といった企業の内側の事情よりも，顧客や消費者を中心に考えることです。「顧客は誰か？」「彼らの特徴は？」「性別，年齢，職業，ライフステージ，収入，趣味は？」「顧客の中にはどのようなセグメント（グループ）があるのか？」「彼らはどのようなニーズやウォンツをもっているのか？」，といったことを把握し，そのうえで彼らのニーズに合致する製品を提供する必要があります。

　しかし，彼らのニーズに合致する製品は，すでに競合他社から販売されているかもしれません。類似した製品・サービスを販売するライバル会社も，外部環境を構成する重要な要素のひとつです。よって，競合他社にはどのような企業があるのか，そうした企業はどのような製品・サービスを提供しているのかを把握する必要があります。

　さらに，お茶飲料の原材料を提供する供給業者や，お茶飲料を小売店に卸す卸売業者，店頭に並べ，販売する小売企業といったさまざまな取引企業の存在も無視できません。なぜなら，こうした企業が存在してはじめて製品が顧客の手元に届くからです。つまり，取引企業も外部環境を構成する重要な要因なのです。

　また，お茶飲料の製造，販売を実現するためには，お金が必要です。原材料の購入，工場の建設や運営，従業員の給料の支払いにはお金がかかります。こうした必要資金の調達先である株主や銀行も外部環境のひとつに含まれま

す。

　さらに，工場や本社が存在する地域の地域住民や，関連分野の法規制を立案する政府や地方自治体も外部環境に含まれます。地域住民の支持がなくては，企業は活動を続けることができません。また，関連法案は直接的に，企業の戦略に影響を及ぼします。

　こうして考えると，企業を取り巻くすべてのステークホルダーが，外部環境に含まれていることに気がつくはずです。

4.2　内部環境

　企業は外部環境のみならず，内部環境にも適応して戦略を策定する必要があります。本章の冒頭で述べたとおり，スポーツでも勝つためには，実行する戦略と自分がもっている能力や特徴が合致していることは，外部環境と同様に重要です。スポーツにあてはめて考えると，背の高さや足の速さなど，選手は自分の特徴にあわせて戦い方を決めていきます。選手の特徴は今後競技を続けていくうえでの選手の財産であり，「資源」といいかえることもできます。

　同様に，企業も自社の経営資源を洗い出し，各部門の強み，弱み，過去の資産にあわせて戦略を決める必要があるのです。ここでいう資源とは，ヒト，モノ，カネといわれる物的資源と，技術，ノウハウ，信用，ブランド・イメージ，企業文化といった情報的資源に分類することができます。つまり有形，無形にかかわらず，その企業の内部に蓄積されたモノを経営資源ということができます。なお，物的資源は第3章3.6節に登場する「量的経営資源」と，情報的資源は「質的情報資源」とそれぞれ対応していると考えることができます。

　あなたがマーケティングを担当しているお茶飲料の事例にあてはめると，

まず以下のポイントを考える必要があるでしょう。

- 会社はどのような製品・サービス群を展開しているのか？
- 工場ではどのような技術が使えるのか？
- 原材料の茶葉はどのような特徴をもっているか？
- 取引先の小売企業との関係は歴史的に築かれているか？
- 過去にどのような製品を販売し，どのような広告キャンペーンを展開してきたか？
- 企業の知名度はどの程度あるのか？
- どのようなブランド・イメージをもたれているのか？
- 営業部隊の規模はどれくらいか？
- 広告宣伝費の予算規模はどの程度か？

これらの問いをひとつずつ明らかにすることが，内部環境の分析となります。そして，企業はこうした内部環境の現実に適した戦略を策定することが求められます。

4.3　ファイブフォース・モデル

前述の外部環境を総合的に検討し，業界の魅力度を分析するモデルとしてファイブフォース・モデルがあります。ファイブフォース・モデル（five forces model）とはポーター（Porter, Michael E.）によって提唱された，収益上で業界の魅力度を分析するモデルです（図4.1）。これによって，平均的な企業が参入して儲かる業界かどうかを知ることができます。魅力度が低い業界では，優秀な企業でも儲かりません。また，魅力度が高い業界では，とくに優秀な企業ではなくても儲かります。このモデルはある業界に企業が参入したほうがよいかどうか，つまり業界の魅力度を知るためのモデルなの

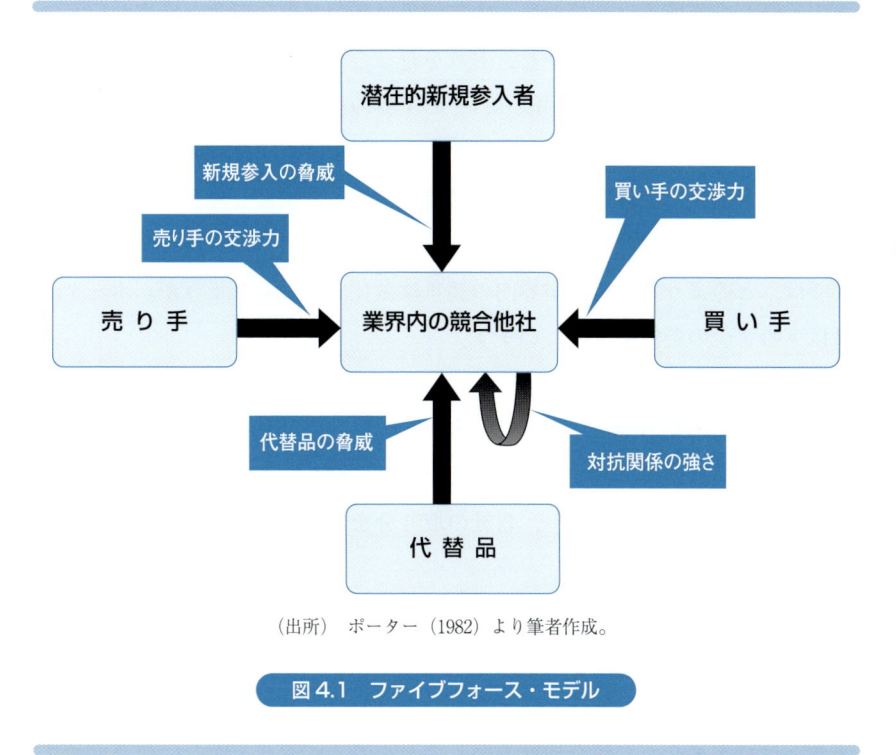

```
                    ┌─────────────────┐
                    │  潜在的新規参入者  │
                    └────────┬────────┘
      新規参入の脅威          │        買い手の交渉力
   売り手の交渉力             ▼
┌────────┐            ┌─────────────┐            ┌────────┐
│ 売り手  │ ─────────▶│ 業界内の競合他社 │◀───────── │ 買い手  │
└────────┘            └─────────────┘            └────────┘
                            ▲  ↻
       代替品の脅威          │        対抗関係の強さ
                    ┌────────┴────────┐
                    │     代 替 品     │
                    └─────────────────┘
```

(出所) ポーター (1982) より筆者作成。

図4.1　ファイブフォース・モデル

です。

では，業界の魅力度とは何でしょうか。ポーターは利益ポテンシャル，つまり長期的に儲かるか儲からないかによって定義しています。そして，利益ポテンシャルを左右する要因として，「業界内の競合他社」「潜在的新規参入者」「代替品」「売り手の交渉力」「買い手の交渉力」の5つ（ファイブフォース）を指摘しています（ポーター，1982）。

○ 第1の要因：業界内の競合他社

第1の要因は，業界内の競合他社です。競合他社の間の対抗関係が強ければ強いほど利益ポテンシャル（儲かるか儲からないかの可能性）は低くなり

ます。既存企業間では価格競争，広告競争，新製品開発競争，顧客サービス競争などが行われます。しかし，どれを行ったとしてもそれによって市場全体の規模が著しく拡大しない限り，その業界の利益ポテンシャルは低下します。値引きが利益を圧迫することは明らかでしょう。また，競争に勝つためには開発費増大，広告費増大などが必要であり，結果として企業の利益を圧迫します。

　では，どのような場合に業界内の競争は激化するのでしょうか。ポーターは以下の8つの条件を挙げています。

〈① 競争業者の数が多い，または規模とパワーに関して同等である〉
　競争業者の数が多い，または規模とパワーに関して同等である企業が市場にいる場合，接戦状態となり，自社の取り分を爆発的に大きくすることは難しくなります。

〈② 産業の成長率が低い〉
　成長率が低い場合，他社の顧客を奪わなければ自社の会社の売上高を伸ばすことはできません。競合他社も同じことを考えており，激しい競争が始まりやすいといえます。逆に，成長率が高い場合は他社の顧客を奪わなくても新規顧客の獲得が可能であり，売上を伸ばすことができます。

〈③ 固定費が大きい，または在庫費用が大きい〉
　高価な生産設備をもっている会社では，できるだけフル操作で機械を有効に使いたいと考え，多少値引きをしても工場の機械を動かしたいという心理が働きます。このように市場内のすべての企業が考え，同様に行動すると価格競争が激しくなります。

　鉄道や通信事業など固定費が大きい「装置型産業」は，新規参入に莫大なコストがかかるため，参入しにくいといえます。しかし，一度そのコストを投じて参入した企業は，そのコストを回収するために撤退もしにくいと考え

られます。撤退がしにくいということは競争業者の数が減らないということを示しており，①と関連して，ますます利益ポテンシャルを低下させます。

　在庫費用が大きいとは，時間が経過すると腐ってしまうものや，流行のあるものを指します。在庫を抱え続けていくと先々まったく売れなくなってしまうような業界では，売り切りたいという心理が働き，季節の終わりや一日の終わりに特売・セール等の大幅な値引きが行われます。夕方のスーパーマーケットで刺身が値引きされることや，ある年に開催されたワールドカップ大会のグッズが翌年以降値引きされるのはこうした理由からです。

〈④製品に差別化がきかない，またはスイッチング・コストがかからない〉
　各社の技術水準が同程度であるような，製品に差別化ができない業界では「どこの会社の製品でも大差はない」というような場合がほとんどです。その場合，顧客は価格にのみ反応して製品を選ぶので，激しい価格競争が展開されます。こうした業界の例としては記録ディスクCD-R，綿糸，つまようじなどが挙げられます。

　また，スイッチング・コストが低い場合も，同様に価格競争に陥ります。スイッチング・コストとは，現在利用している製品・サービスから別会社の製品・サービスに乗り換える際に，顧客が負担しなければならないコストのことです。これには「金銭的コスト」以外に「心理的コスト」「手間コスト」などが複合的に組み合わさっています。このスイッチング・コストがかかる場合，そのコストを嫌って顧客は乗り換えを躊躇します。つまり，一度ある企業の製品を買うと，その後はずっとその企業の製品を使い続けることが多く，企業と顧客との関係が長期的なものになりやすいといえます。一方，スイッチング・コストが低い，もしくはない場合は，買い替えの時期ごとに価格に注目し，価格の低いものに乗り換えがちです。そのため，スイッチング・コストがかからない市場においては価格競争に陥りやすくなります。

〈⑤ 生産能力の拡張が小刻みには行えない〉

　たいていの製品の場合，生産するにあたり，最低でもこの程度の量を作らなければ消費者に提供できない，という最低限の規模があります。これについては第6章で詳しく触れます。製造ラインを増設すれば，生産能力は拡大しますが，生産能力が，需要量の増加よりも大きい場合，増設時に大きな過剰供給が生まれます。このような場合，生産能力の増設直後に需給バランスが大きく崩れ，激しい価格競争に陥りやすくなり，結果的に利益ポテンシャルが低下します。

〈⑥ 多様なバックグラウンドをもつ競争相手がいる〉

　市場内の競争相手の本業や国籍が異なる場合や，目指す目標（シェア重視か利益重視かなど）が異なる場合には，互いの手の内を読みにくいため，激しい競争に陥りやすいといえます。

〈⑦ 戦略的な価値の高い業界である〉

　将来の事業展開上に非常に重要である事業は，その事業がたとえ赤字続きであろうとも，その事業から撤退する企業は少ないと考えられます。むしろ，あらゆる経営資源を投じて市場シェアの拡大に努めます。そのため，このような業界は激しい競争に陥りやすいといえます。

〈⑧ 退出障壁が高い〉

　退出障壁とは，市場から撤退する際に生じる障害のことです。退出障壁には顧客や債権者，従業員に対する法的あるいは倫理的責任，政府による規制，資産残余価値の低さ，他の選択肢の欠如，高度な垂直的統合，感情的な障壁などがあります。多くの企業は，変動費と固定費の一部，あるいはすべてを支払える限り，退出はせずに業界にとどまります。しかし，こういった企業が存在しつづけると，業界全体の利益は損なわれてしまいます。

　ある業界から撤退しても，その設備を使って他の製品を製造したり，他企

業に売却したりすることが難しい場合，その業界を撤退するのにコストが発生します。退出によるコストが大きい業界においては，たとえ儲からなくても撤退する企業が少ないため，激しい競争が持続する可能性が高くなります。

○ 第2の要因：潜在的新規参入者

　ファイブフォース・モデルの2番めの要因は，潜在的新規参入者です。企業は「これからこの業界に参入する企業はどのくらい存在するか？」という問いを検討する必要があります。

　ある業界に新規参入が起こると，業界全体の生産能力が増大します。これにより，市場シェアを拡大したいという意欲と，それを実現できる能力が業界内に生まれることになります。そのため，激しいシェアの奪いあいが展開され，価格競争が行われ，業界の利益ポテンシャルは大幅に下がってしまいます。よって，既存企業は新規参入が起こりにくいよう，防衛策をとらなくてはなりません。つまり，参入障壁を築くことが重要です。参入障壁は現在および未来の競争状態を規定するものであり，業界への参入を決める際の判断材料となります。

　参入障壁には大きく分けて①資金的障壁（大規模な運転資金，必要投資），②チャネル確保，③製品の差別化レベル，④政策・法律・特許，の4つがあります。

〈①大規模な運転資金，必要投資（規模の経済性，シナジー効果，経験効果）〉
　新規参入にあたり，生産・販売に必要とされる投資額が大きな業界では，新規参入は困難です。このような業界では，規模の経済性が大きく働きやすいといえます。規模の経済性が大きく作用する業界には，当初から大きな規模で参入しなければならないため，初期投資が大きくなり，失敗した場合のリスクも大きくなります。そのため，市場参入を思いとどまらせる大きな要因となります。こうした参入障壁は多くの産業材や耐久消費財の業界でみら

れます。

また，シナジー効果が大きく働く場合も，初期投資が大きくなります。**シナジー効果**とは，異なる種類の製品を製造・販売しているほうが，単一の製品を製造・販売しているよりも，製品1つあたりのコストが下がる効果のことです。

さらに，**経験効果**が大きく作用しているような場合にも，参入障壁となります。既存企業は新規参入企業と比較して豊かな生産経験をもつので，新規参入企業よりも低コストで製品を製造することができます。新規参入企業が既存企業と対等に安く製造できるようになるまでには，長い期間を要することになります。

〈②チャネル確保〉

チャネルとは場や経路のことで，流通チャネルと供給チャネルがあります。**流通チャネル**とは企業から最終消費者に製品がわたるまでの場（あるいは経路）で，**供給チャネル**とは製品を製造するための原材料が企業の手元にわたるまでの場（あるいは経路）です。流通チャネルについては第7章で詳しく触れます。既存企業によるチャネルの確保は，とくに消費財産業において大きな参入障壁となります。

製品の流通チャネルや原材料の供給チャネルがすでに既存企業によって専属化されている場合，新規参入企業は自己の直営チャネルを開拓するか，既存企業からチャネルを奪い取るかをする必要があります。これには多額の投資が必要となり，それが参入を妨げる要因となります。たとえば，小売店において，すでに定番になってしまった商品分野では，定番ブランドを押しのけて新規ブランドが小売業者の棚を獲得することは容易ではありません。

〈③製品の差別化レベル〉

既存企業が，品質，イメージ，付加的サービスなどで製品差別化に十分成功しているような場合には，その業界に新規に参入して顧客を奪うのが困難

です。

　既存企業による製品の差別化が強く，消費者による製品の選択が企業や製品のイメージによってなされる可能性が高いほど，新規参入者は対抗できるだけのブランド・イメージやブランドを構築する必要があります。しかし，一般にはそれらが浸透するのに多額の投資と時間が必要となり，新規参入企業が獲得するのは困難です。

〈④政策・法律・特許〉

　日本の多くの業界においては，高度成長期には国際競争力強化のために，また近年では中小企業保護のために，産業省庁による免許制や許認可制が数多く存在します。こうした仕組みは，既存企業を守る仕組みであり，参入障壁として位置づけられます。また，医薬品などのように安全性について厳しい基準が設定されている業界も，参入障壁が高いといえます。

　また，既存企業が多数の特許を取得している場合には，新規参入企業は特許使用料を払うことになり，参入障壁となります。ただ，特許に基づく戦略としては，特許によって参入を阻止するというものだけでなく，特許を公開して普及を促すことによってデファクト・スタンダード（事実上の標準）の獲得を目指したり，特許を相互に利用するクロス・ライセンスを結んだりといった戦略代替案があります。ここでいうデファクト・スタンダードとは，標準化機関の承認の有無にかかわらず，市場競争の結果として事実上市場の大勢を占めるようになった規格のことで，パソコンのOSのWindowsはその好例です。

　これまでみてきたように，既存企業はさまざまな戦略的行動によって自己の業界への参入障壁を高くすることが可能です。

第3の要因：代替品

　ファイブフォース・モデルの3番めの要因は，代替品です。代替品とは既

存製品と同じもしくは似た役割を果たすもののことです。他に代替品がないのであれば，企業は高い価格を設定できますが，他にも魅力的な代替品が存在する場合は，それほど高い価格を設定できません。つまり，代替品によって価格が抑えられ，利益ポテンシャルも制限されるのです。よって，製品の代替品が顕在的あるいは潜在的に存在する場合，当該市場の魅力度は低いといえます。

代替品の業界において技術が進歩したり競争が激化したりすると，当該業界の価格と利益は下落する可能性が高いため，企業は代替品の価格動向を緻密に観察する必要があります。

企業は，「現在代替品は存在するのか？」ということだけでなく，「今後出てくるのか？」ということも考慮し，「代替品が出たときの影響（損害）はどのくらいか？」ということまでも検討することが重要です。

既存製品と同じもしくは似た役割を果たすもの，ということは，類似した顧客ニーズを満たすもの，ということです。テレビ番組を録画したい，というニーズには長年ビデオデッキが応え，その後 HDD レコーダーに徐々にとってかわられました。前者は記録媒体に録画するというアプローチ，後者はハードウェア本体に録画する，というアプローチです。同様に，活字文書を作成したい，という顧客ニーズには古くはタイプライターが，その後は富士通の OASYS や東芝の Rupo といったワードプロセッサ専用機が，そして現在はパソコンが広く普及し，ニーズを満たしています。顧客のニーズを満たすには複数のアプローチ方法があります。この多様なアプローチが，代替品を生みだすのです。

この世に存在するすべての製品は多かれ少なかれ相互依存しており，思いもしなかった製品の需要の伸びが自社製品の衰退につながっている，ということもありえます。たとえば，携帯電話の普及にともない，腕時計の販売量が減りました。これは，携帯電話の周辺的な機能のひとつである時計機能のためと考えられます。企業は幅広い視野で代替品を定義する必要があります。

◯ 第4の要因：売り手の交渉力

　ファイブフォース・モデルの4番めの要因は，売り手の交渉力です。ここでいう売り手企業とは，一般的な「売り手」ではなく，当該企業から見た「売り手」であり，製品・サービスの原材料・部品を企業に売る供給業者のことです。ある業界で供給業者が自由に価格を引き上げたり供給量を減らしたりできる場合，当該業界の魅力度は低いと考えられます。売り手の交渉力が強まる要因は，つぎのとおりです。

- 供給業者が集中あるいは組織化されている場合
- 代替品がほとんどない場合
- 供給製品がその企業にとって重要な原料である場合
- 供給業者を変更するスイッチング・コストが高い場合
- 供給業者が下流方向に統合できる場合

　売り手の交渉力に対抗するための最良の防御法は供給業者と win-win の関係を築くか，複数の供給源を使うことです。

◯ 第5の要因：買い手の交渉力

　最後の5番めの要因は，製品・サービスを購入する買い手の交渉力です。買い手が強い交渉力をもっているか，交渉力が強まりつつある場合，買い手が値引きやより良いサービスを要求するため，当該業界の利益ポテンシャルが低下します。

　買い手の交渉力は「買い手のパワー」と「買い手の価格感度」の2つに分解することができます。前者は「要望を押しつける力」，後者は「希望の強さ」です。

　「買い手のパワー」を高める要因としては以下の4つが挙げられます。

- 買い手グループの集中度が高い
- 製品が標準化されている・差別化されていない
- スイッチング・コストが低い
- 買い手が上流方向に統合できる

また，「買い手の価格感度」を高める要因としては，以下の3つが挙げられます。

- 自社製品が買い手の製品コストに占める割合が大きい（ここでコスト低減すれば大きな低減になる，という心理が働く）
- 買い手の利益水準が低い（困窮しており，なんとしても購入費を抑えたい）
- 自社製品が買い手の製品の質に重要な影響を与えない（他のより低価格な企業から原材料などを購入しても，最終製品の品質は変わらない）

このような場合，売り手は交渉力がもっとも弱い買い手を選択するか，強力な買い手でも拒むことができない優れたオファーを開発することによって，自衛することができます。

4.4 SWOT分析

外部環境と内部環境を同時に検討し，企業の全体的な評価を分析する手法として，第2章2.2節でも紹介したSWOT分析があります。SWOTとはStrength（強み），Weakness（弱み），Opportunity（機会），Threat（脅威）の略です。

SWOT分析は，外部環境分析と内部環境分析に分けることができます。

外部環境分析においては，業界の構造を分析し，儲けることができそうだという機会（魅力）と自社の競争優位を脅かす脅威を把握します。内部環境分析では，経営資源を分析し，自社の強みと弱みを把握します。

　最初の2つ，強みと弱みは内部環境の分析から導きだすことができます。内部環境を分析し，自社はどのような強みと弱みをもっているのかを洗いだすと，今後経営資源をどのように蓄え，どこに配分するべきかが見えてきます。SWOT分析を行い，1枚の大きな紙やスライドに書き出してみることは，企業が置かれた現状を把握するために非常に有効です。次節では内部環境分析と外部環境分析を詳細にみていきます。

○ 内部環境分析（強み／弱みの分析）

　内部環境の分析をするということは，企業は経営資源を分析し，自社の強み，弱みを把握するということです。他社と比べ，勝っている企業の売りとなるものは強みとなります。他社と比べ，劣っている企業が克服すべきものは弱みとして分類されます。

　内部環境の分析において，各事業は，定期的にマーケティング，財務，製造，組織といった各分野における内部的な強みと弱みを評価する必要があります。事業はすべての弱みを修正する必要があるわけでもなく，すべての強みについて満足してよいわけでもありません。複数挙げられた強みと弱みの中で優先順位をつけ，つぎにとるべき戦略に結びつけることが重要なのです。

　内部資源のひとつとして，シェア（占有率）が挙げられます。このシェアというと市場シェアが有名ですが，他にもさまざまなシェアがあります。

　たとえばマインドシェアは「この業界で最初に思い浮かぶ会社名を挙げてください」という質問に対し，自社の名前を答えた顧客の割合です。また，ハートシェアは「その製品を買いたいと思う会社名を挙げてください」という質問に対し，自社の名前を答えた顧客の割合です。市場シェアばかりに目が向けられ，その変動に一喜一憂しがちですが，マインドシェアやハートシ

ェアも考慮すべきです。なぜなら，一般にマインドシェアとハートシェアを着実に拡大している企業は，必然的に市場シェアと利益も伸ばすことになるからです。

◯ 外部環境分析（機会／脅威の分析）

　外部環境とは，企業の機会もしくは脅威となる外部の環境を指します。これは，2.2節でも述べたようにマクロ環境要因（人口動態環境，経済環境，自然環境，技術的環境，政治・法的環境，社会・文化的環境）と，ミクロ環境要因（顧客，競合他社，流通業者，供給業者）に大別することができます（図4.2）。

　企業は外部環境を観察し，トレンドや重要な変化に対応するために，関連する機会と脅威を見極めることが重要です。機会とは，企業が利益を上げられるような購買者ニーズが存在している分野のことです。市場の機会は，その魅力度（得るものの大きさ）と成功率（実現可能性）によって分類することができます。脅威とは，不利なトレンドや変化によって引き起こされる難局のことであり，適切な防衛策をとらなければ売上や利益の悪化をもたらしてしまいます。脅威は，深刻度（失うものの大きさ）と発生確率（起こる確率）によって把握されます。

〈マクロ環境要因について〉

　多くの機会はマクロ環境要因のトレンドを分析することによって見出されます。トレンドとはある程度の勢いと持続性を有した事象における方向性もしくは連続性のことです。たとえば，「働く女性の増加」はトレンドといえます。

　企業も，顧客，競合他社も，サプライヤーも，すべてのステークホルダーはマクロ環境要因の影響下にあります。世界情勢が急速に変化していく中で，企業は人口動態，経済，自然，技術，政治・法律，社会・文化という6つの

外部環境

【マクロ環境】

| 人口動態環境 | 経済環境 | 自然環境 |

| 技術的環境 | 政治・法的環境 | 社会・文化的環境 |

【ミクロ環境】

| 顧客 | 競合他社 |

| 流通業者 | 供給業者 |

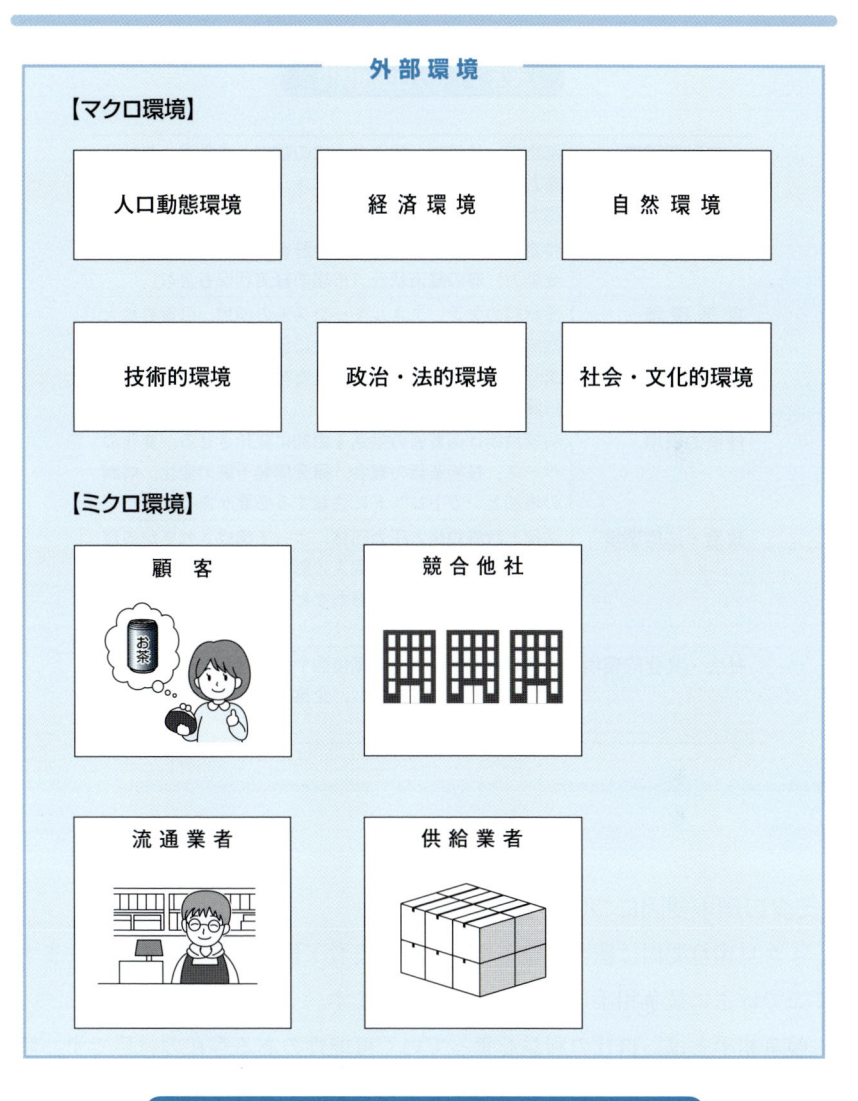

図 4.2　内部環境と外部環境（マクロ環境・ミクロ環境）

大きな要因（表 4.1）を観察する必要があります。この 6 つの要因は独立ではなく，互いに影響しあっていることにも注意を払う必要があります。

表 4.1　マクロ環境要因

人口動態環境	都市別，地域別，国別の人口の規模と成長率，年齢分布と民族的混合度，境域レベル，家族形態，地域の特徴と変化のこと。
経済環境	特定時点の顧客の所得分布，貯蓄，負債，信用度（借金能力）等の経済状況（市場の経済状況も含む）。
自然環境	原材料の欠乏，エネルギーコストの増加，公害の拡大，政府の役割の変化など。とくに自然環境への関心が高まっており，環境を保護するための法律は特定の産業に深刻な影響を与えている。
技術的環境	科学技術は消費者の生活を劇的に変化させる。変化のペース，技術革新の機会，研究開発予算の変化，規制の増加というトレンドに注意する必要がある。
政治・法的環境	法律と政府規格と圧力団体によって構成されている環境。さまざまな組織や個人に影響を与え，その活動を制限する。時として，新たなビジネス機会を生むこともある。
社会・文化的環境	消費者の生活に対する価値観や，消費者が形成する文化。時代とともに変化し，企業と消費者の行動に影響を及ぼす。

〈ミクロ環境要因について〉

　ミクロ環境要因は顧客，競争相手，流通業者，供給業者などが含まれます。ここでは主に競争相手について考えていきます。

　競争相手とは，自社の利益を奪っていく可能性のある存在の総称です。競合は同一市場内にのみいるとは限りません。業界や業種の垣根がなくなってきている現在，安易に競合を決めてしまうと，もっとも脅威となる競争相手を見逃す危険があります。では，どのように競争相手を見極めればよいのでしょうか。

　まず，代替技術の発見が必要です。これは，自分の事業のコアとなる技術

を見定めて，それと競合しそうな技術を見つけるという作業です。

　つぎに，代替品を探しましょう。自社の製品と同じ機能（役割）を果たし，同じ喜び（便益）を消費者に与える製品が代替品と位置づけられます。本当の競争相手を見失わないために，自社の事業範囲を広く定義しておくことが必要です。

　また，顧客の期待する機能や目的によって競争相手を定義することに加えて，潜在的にこの業界に参入しようとしている，潜在的競争相手を考えることも重要です。同じニーズを満たす企業はすべて競合他社であり，企業の顕在的あるいは潜在的な競合他社は，かなり広範囲に及びます。たとえば，MP3プレイヤーを購入する顧客が本当にほしいのは「音楽をもち運ぶこと」であり，そのニーズは携帯CDプレイヤー，MDプレイヤー，携帯電話でも満たすことができます。企業は，現在の競合他社よりも，新たに発生する競合他社や技術革新によって損害をこうむる可能性が高いので，新たに発生する競争相手を明確に特定することが明暗を分けるといえます。ほかにも今後市場に参入し，新たな競争相手となりそうな場合としては，以下が挙げられます。

- **地理的な市場拡大を狙っている同業者**
　他の地域あるいは他の国で活躍する同業者です。小売業や飲食チェーンなどは地理的制約が強いため一挙に全国展開できませんが，それだけ他地域の同業者に注意する必要があります。

- **製品ラインの拡大**
　技術的に異なる製品であっても，顧客ニーズや流通チャネルが類似していれば参入が容易なので，注意が必要です。

- **川上統合・川下統合**
　川上統合とは，自社の事業領域の上流（仕入れ側）へと展開することです。たとえば素材メーカーがアパレルメーカーに洋服の生地を提供しているとします。この関係において，アパレルメーカーは素材メーカーの顧客

であり，逆にアパレルメーカーからみると素材メーカーは供給業者です。ここで，アパレルメーカーが素材メーカーから購入していた生地を自ら生産しようとする場合（川上統合する場合），このアパレルメーカーは素材市場の潜在的参入者となり，素材メーカーにとっては脅威となります。

　一方，自社の事業領域の下流（販売側）へと展開することを川下統合といいます。前述の事例で，素材メーカーが自社の生地を用いて自ら衣料を生産しようとする場合，素材メーカーはアパレル市場の潜在的参入者となり，アパレルメーカーにとって脅威となります。

先述の注意点に考慮したうえでもっとも重要な競争相手を特定したら，競合企業の戦略，目的，強みと弱みを分析します。

- **戦　略**
　市場内には，戦略グループ（ある標的市場において同じ戦略をとる企業の集まり）がいくつか存在し，グループごとにとるべき戦略は異なります。また，その戦略はその時々で修正されるため，競合他社の戦略を常に観察する必要があります。

- **目　的**
　各競合他社が市場において，何を求めているのか，各競合他社の行動の動機は何か，といった問題を企業は考える必要があります。企業は規模，歴史，現在の経営陣，財務状態，市場の動向など多くの要因によって，目的を決めます。

- **強みと弱み**
　企業が戦略を実行して目標を達成できるかどうかは，企業のもつ資源と能力に左右されます。そのために，企業は各競合他社の強みと弱みに関する情報を収集する必要があります。強みと弱みを計るには，企業は競合他社を分析する際に，市場シェア，マインドシェア，ハートシェアを観察すべきです。

◯ SWOT分析の注意点

以上，SWOT分析の内容を学びましたが，SWOT分析を活用する際にはいくつかの点に注意する必要があります。

1つめは，企業を取り巻く環境で起きている事象は，機会にも脅威にもなりうるという点です。たとえば，「暖冬」を例に考えてみましょう。スキー，スノーボード関連のレジャー産業，鍋関連の製品，暖房機器メーカーにとってはこの環境は「脅威」です。しかし，アイスクリームメーカーにとって，これは「機会」かもしれません。

同様に「不況」という外部環境を考えてみましょう。これは，高級品メーカーや外食産業にとっては「脅威」となりえますが，低価格衣料メーカーや100円ショップ，内食関連製品（たとえばホットプレートやホームベーカリー）にとって，これは「機会」になりえます。

内部環境についても同じことがいえます。たとえばある企業が高い知名度をもっていたとします。このことは，有名な企業が好まれる風潮がある場合には，強みとなりますが，その逆の風潮がある場合には，弱みとなります。

また，SWOT分析は一度実施すればその結果を永久に使えるわけではありません。外部環境は刻一刻と変化しますし，強みだった資産を失う，あるいは強みだったものが外部環境の変化によってむしろ弱みに変わってしまう，ということもありえます。ある事柄を単純にSWOTのどれかに分類せず，多様な視点で検討する目が必要です。

さらに，SWOT分析がある一時点の分析結果であることを理解する必要があります。SWOT分析は未来永劫に使える正解を1つ出すためのツール，というよりは，戦略策定に携わる意思決定者たちが同じテーブルにつき，SWOTの内容を検討し，共通認識をもつための有意義なプロセス，と考えるほうが適切であると思われます。

4.5 まとめ

　マーケティング活動を成功させるためには，製品を取り巻く外部環境と自社の特徴や強みをあらわす内部環境を把握し，適応することが重要です。

　本章では，市場において企業が勝つために把握しなくてはならない外部環境，内部環境の要因を学びました。さらに，外部環境を総合的に検討し，業界の魅力度を分析するモデルとして，利益ポテンシャルに影響を及ぼす5つの要因をモデル化したファイブフォース・モデルを学びました。最後に，外部環境と内部環境の2つを分析する道具としてSWOT分析を勉強しました。

演習問題

　4.1　関心のある企業を1つ取り上げ，SWOT分析をやってみましょう。強み，弱み，機会，脅威は複数の要因を挙げてください。各項目で挙げられた複数の要因のうち，どの要因が重要なのか，SWOTの項目ごとに優先順位をつけてみましょう。

　4.2　市場を2つ選び，トップ10企業のシェアを調べてみましょう。どちらの市場で競争が激しいでしょうか。

第Ⅱ部

マーケティングの4Pとブランド戦略

第5章　製品戦略
第6章　価格戦略
第7章　流通戦略
第8章　プロモーション戦略
第9章　ブランド戦略

第 5 章

製品戦略

　マーケティング戦略の成功のためには，企業がターゲットのニーズを満たすような製品を生産・販売することが不可欠です。製品とはそもそも何でしょうか。製品はどのように生み出され，市場から消えていくのでしょうか。また，企業は通常1種類の製品のみを生産・販売するのではなく，複数の製品を生産・販売しています。では，その最適な組合せはどのように考えたらよいのでしょうか。本章ではこうした問いに答えるため，製品戦略について学びます。

○ KEY WORDS ○
製品ミックス，新製品開発，製品ライフサイクル，
PPM，アンゾフの成長マトリックス

5.1 製品とは

　第1章でも述べたように，消費者が自動車を買うときは，単にA地点からB地点へと移動できる四輪の鉄のかたまりを買っているわけではありません。消費者が自動車を買うときには，憧れや安全性，信頼性を同時に買っているのです。また，チョコレートを買うときには単にカカオが入った甘くて茶色い菓子を買っているわけではありません。あるときは贅沢な気分を，あるときはストレス解消を同時に買っているのです。

　このことは，製品は単なるモノではなく，便益の束（bundle of benefit）であることを示しています（図5.1）。便益とはベネフィットとも呼ばれ，製品から得る何らかの利益のことです。ここでいう利益とは経済的な利益だけにとどまらず，非経済的な利益も含まれます。

　さて，一般的に製品は3つのレベルに分けて考えることができます（図5.2）。もっとも基本となるのが製品の中核部分で，これは基本的なベネフィットやサービスを指します。前述の自動車の場合，自ら運転する移動のための乗り物というのが中核部分です。トラックの場合はA地点からB地点へ荷物を運搬することが中核部分に相当します。第2のレベルは実態部分で，これには特徴，デザイン，品質水準，ブランド名などが含まれます。自動車の場合はブランド名や品質水準，安全性などがこれにあたります。消費者はこの2つだけで製品の価値を判断するわけではありません。第3のレベルは付随部分です。これは，納車，保証，修理などの関連サービスなどが含まれます。消費者はこの3つのレベルを総合的にみて製品を判断します。

　レブロン社の元社長チャールズ・レブソンは，「われわれは化粧品をつくっているが，店頭では夢を売っている」といっています。また，資生堂の弦間明元社長は，「私たちは，美しさという価値を売らねばならない」と発言しています。このことからも明らかなように，マーケティングの世界におけ

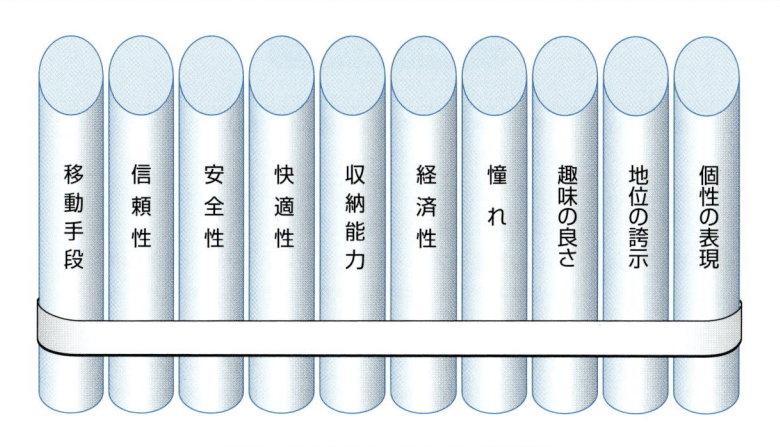

図5.1 便益の束（自動車の例）

移動手段／信頼性／安全性／快適性／収納能力／経済性／憧れ／趣味の良さ／地位の誇示／個性の表現

図5.2 製品の3つのレベル

- 付随部分……関連サービス
- 実態部分……特徴，デザイン，品質水準，ブランド名　など
- 中核部分……基本的なベネフィットやサービス　など

る製品とは単なるモノ以上の意味を含んでいるのです。製品には製品本来の機能である本来的使用価値と，デザイン，色彩，スタイル，包装，ブランド，流行性など，製品本来の機能以外の価値である副次的使用価値があるのです。

さて，製品と一言でいっても，さまざまな種類があります。製品は消費者の購買習慣に基づいて，表5.1のように分類することができます。

表 5.1　製品の種類

最寄品	消費者が通常，頻繁にすぐ購入し，購入のための努力が最小限の財
買回品	消費者が選択し購入する過程で，適合性，品質，価格，スタイルなどを比べて購入する財
専門品	独自の特性やブランド・アイデンティティを備えた財。かなり多くの人が特別な努力をしてでも買おうとする（たとえば車や家）
非探索品	消費者がその商品を購入することに積極的な興味を示さない，示しにくい財（たとえば生命保険，煙探知機等）

5.2　製品ミックス

　多くの企業は1つだけの製品を生産・販売するわけではなく，多様な製品を生産・販売します。たとえば，花王やライオンといったトイレタリーの会社は，台所用洗剤，トイレ用洗剤，シャンプーなどさまざまな製品を生産・販売しています。企業が提供する製品全体の集合体のことを，製品ミックスと呼びます。これは，「幅」「長さ」「深さ」「整合性」の4つの次元で検討することができます（図5.3）。

　幅とは企業が提供している製品ライン数を指します。製品ラインとは，機能，顧客，流通チャネルなどからみて，密接な関係のある製品の集合体のことです。前述のトイレタリーの例ならば，台所用洗剤，トイレ用洗剤，シャンプーの3つが製品ラインです。

　長さとは製品ミックスに含まれるアイテムの総数で，企業の総取扱製品の量をあらわします。

```
          幅              長さ
      (製品ライン数)    (アイテム総数)
                  製品
                 ミックス
          深さ            整合性
    (1製品ラインあたり  (製品ライン間
       アイテム数)        の関連性)
```

図5.3　製品ミックス

　深さとは1つの製品ラインにどれだけのアイテムが用意されているかを意味します。たとえば花王のシャンプーならば，シャンプーという製品でどれだけのアイテムがあるかということです。

　整合性とは，用途，生産，流通経路などからみて，取り扱われている製品ライン間の関連性を意味します。生産面等で製品間に共通性があれば，共通の部品を使い生産コストを低減できるというメリットがあります。また，販売面で共通性があれば，店頭で自社の製品を棚の多くの部分で占めることができ，顧客に購入される確率も高くなるという利点があります。

　以上のように，製品間に共通の要素を，生産面では同じ生産ライン，販売面では同じ種類の店，そして顧客面では同じ顧客層というように，製品間に共通の要素をもたせることで**コストの低減**が可能になります。共通性をもたせることによるコスト低減効果を，**範囲の経済性**と呼びます。これは製品ライン間でのシナジー効果と考えることができます。たとえばある会社がデジタルカメラと電子辞書をつくっているとします。2つの製品には共通して液

晶ディスプレイが使われています。これは製品間に共通の要素があるため，デジタルカメラのみをつくる場合よりも低コストでつくることが可能となります。

5.3　新製品開発

　すべての製品は，新製品開発のプロセスを経て誕生します。このプロセスは，アーバンら（1989）によると，図5.4のようになります。

　まずは，新しい市場機会の発見が行われ，それを受けて新製品開発チーム

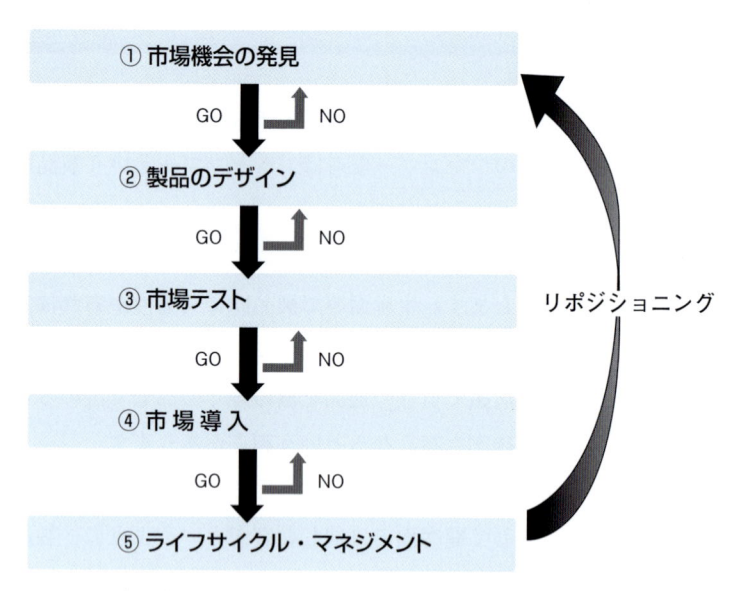

```
① 市場機会の発見
   ↓GO  ↑NO
② 製品のデザイン
   ↓GO  ↑NO
③ 市場テスト
   ↓GO  ↑NO
④ 市場導入
   ↓GO  ↑NO
⑤ ライフサイクル・マネジメント
```

リポジショニング

（出所）　アーバン=ハウザー=ドラキア（1989）より筆者作成。

図5.4　新製品開発のプロセス

がその市場に向けて新しい製品をデザインしていきます。具体的な製品が設計されると，本格的な市場導入の前にテスト（調査）が行われます。調査の結果が好ましいものであれば市場で販売されます。

発売された製品は，その後は製品ライフサイクルの段階に応じたメンテナンスがなされます。陳腐化してしまった場合，図のステップの「①市場機会の発見」に戻り，ポジショニングのやり直し（リポジショニング）が検討されます。ここからは各プロセスを詳しくみていきましょう。

○ 市場機会の発見

新しい製品を開発する場合，どのような製品をつくるか，という問いと同時に，どの市場に参入するのか，いつ参入するのか，といった問いを検討する必要があります。

どの市場に参入するのか，というのは第2章で説明した「事業領域（ドメイン）」の決定です。これは，簡単な言葉でいいかえると「どの市場で戦うか」ということです。

また，参入のタイミングについては，先発製品のメリット，後発製品のメリットがそれぞれあるため，注意が必要です。他社に先んじて製品を導入すると，希少資源を先取りできる，スイッチング・コストを利用できる，経験効果を得られる，製品の規格を決定しやすいなどの先発優位を得ることができます。一方，後発企業の場合は，技術や需要面での不確実性に対応できる，先発企業の行った技術開発やデザイン開発のただ乗り（フリーライド）により，研究開発費用を抑えられる，といったプラス面もあります。

新しい製品の開発は，アイデアの創造から始まります。アイデアの源泉は，社内の場合と社外の場合があります。社内の源泉としては，トップ・マネジメントやR&D（research and development；研究開発）部員，販売部員，生産部員などが挙げられます。トップの一声で生まれる製品アイデアもあるでしょうし，白衣を着た研究部員の地道な研究成果から生まれる製品アイデ

アもあるでしょう。また，現場の販売員が，顧客と接する中で生まれる製品アイデアもありえます。社外の源泉としては，消費者，取引企業，業界紙，競争企業の製品，発明家などが挙げられます。

　いくつかのアイデアが出てきたら，組織の目的や標的市場に照らして，アイデアをスクリーニング，つまり取捨選択します。新製品のプロトタイプ（試作品）を実際に開発するためには，非常に多額のコストを必要とします。したがって，自社にとって不適切なアイデアを除き，コストを節約する必要があります。この段階では，潜在性の高いアイデアを誤って除去し（これをドロップエラーと呼びます），潜在性の低いアイデアを採用し，開発段階を進めてしまう（これをゴーエラーと呼びます）危険があります。

◯ 製品のデザイン

　前述の製品アイデアとは，企業が市場に製品として提供できる可能性のある候補のことです。それに対し，製品コンセプトとは，アイデアを意味のある消費者の言葉で表現し，磨き上げたものです。「どのような消費者がこの製品を使うのか？」「この製品の主なベネフィットは何か？」「この製品をいつ，どのような目的と用途で使用するのか？」といった問いに答えながら，もっとも有望なコンセプトを1つ選び，製品のポジショニング分析がなされます。そこで，同一カテゴリー製品間で，どのような位置づけを勝ち得るのか，ブランド・ポジショニング分析も行われます。コンセプト・テストとは，製品コンセプトを適切なターゲットに提示して，その反応を分析することです。企業はここで得られた反応をもとに，最終的な製品設計へと製品の精度を高めていきます。

　また，こうして企画された新製品を市場に導入するために，マーケティング戦略計画を策定します。マーケティング戦略立案のプロセスについては，第2章で詳しく触れました。マーケティング戦略立案のプロセスでは，市場を複数のセグメントに分け（セグメンテーション），複数のセグメントのう

ちどれをターゲットにするかを決め、ターゲットを詳細に定義します。つぎに、この製品をターゲットにどう位置づけられたいか、ポジショニングを決定します。最終的に、売上目標、市場シェア目標などの目標を達成するための4Pの各戦略を練っていきます。つまり、この段階ではSTP戦略（市場のセグメンテーション、ターゲティング、製品のポジショニング）とマーケティング・ミックスの策定が行われるのです。

STP戦略やマーケティング・ミックスは、理想を追求するのではなく、実現可能であり、採算がとれるものでなくてはいけません。つぎのステップでは、提案された新製品の事業としての魅力度を評価します。具体的には、製品の物理的なコストや顧客獲得のための広告宣伝費といったコストと、それからもたらされる利益を予測し、自社の目的にかなうかどうかを判断します。これは固定的なプロセスではなく、新しい情報が入ったら、その時点で事業分析を再検討することになります。

事業性があり、採算がとれることが確認された後は、製品のプロトタイプを実際に作成する段階に入ります。この段階でもっとも困難なのは、消費者の選好や嗜好をどのように具体的な製品属性へと翻訳するかです。本書では詳しく触れませんが、どの属性を、どのくらいの水準で、いくらくらいの価格で提供するともっとも購買意向が高くなるか、といった課題に応えるための分析ツールが先行研究で開発されています。もっと勉強したい読者は、古川一郎・守口剛・阿部誠（2011）『マーケティング・サイエンス入門 新版』などの文献を参照してください。

○ 市場テスト

候補となるプロトタイプ製品が完成した後は、消費者の受容性が試験的に測定されます。たとえば食品メーカーであれば、味覚テストやパッケージ評価が行われ、最終的な製品に役立てられます。また、製品の物理的な機能評価と同時に、広告の評価をテストすることもあります。

調査会場で未完成の製品をテストするだけでなく，完成した製品を実際の市場でテストすることもあります。これは，テスト・マーケティングと呼ばれ，全国販売と同じ状況をいくつかの地域や都市で実現し，新製品の売上を観測し，消費者にアンケート調査を実施する，ということが行われます。日本においては札幌，仙台，静岡，広島，福岡といった都市においてしばしば実施されます。テスト・マーケティングは全国規模で市場導入する前に，実際の環境に近い状況で確認ができるという意味で有用ですが，多額の費用が必要となることや，競合企業に情報が漏えいすることが欠点として挙げられます。

こうした受容性テストやテスト・マーケティングでのフィードバックは戦略に生かされ，plan（企画）- do（実行）- see（評価）を重ねて全国規模で市場導入されます。

○ 市場導入

テストを踏まえた調整の後，成功の期待できる製品が市場に導入されます。新製品を市場導入するタイミングは，市場における成功の機会が存在し，競争的に好ましい状況でなくてはなりません。市場が未完成だったという理由で，失敗してしまった新製品も多いのです。

たとえばアメリカの大手位置情報サービスは，スマートフォンの位置情報を用いて自分が今いる場所にチェックインする，という新しいサービスを市場導入するにあたって，すべての携帯電話にGPSが搭載されるのを何年も待ち，導入のタイミングを見極めてから市場導入をしました。

○ ライフサイクル・マネジメント

導入された製品は，生まれたての新生児のようなものです。人間と同様に，製品は誕生から衰退までのプロセスをもち，その段階によってとるべき戦略

を変えるという考え方があります。これを製品ライフサイクルと呼びます。製品ライフサイクルとは，市場変化の予測を容易にするために，製品開発されてから撤退するまでの全過程を，導入期・成長期・成熟期・衰退期の4つの段階に分けて考えるモデルです。次節で詳しくみていきましょう。

5.4 製品ライフサイクル

　第4章で勉強した外部環境分析（ファイブフォース・モデル）を行い，適切な戦略を決定し，ある時点で競争優位を得たとしても，将来にわたって成功しつづけられるかどうかはわかりません。製品の売れ行きは時間とともに変わっていきます。それでは持続的な競争優位を得るにはどうしたらよいのでしょうか。この問いに対して，マーケティング戦略に時間軸を入れて考えてみよう，というのが製品ライフサイクルの基本的理念なのです（図5.5，表5.2）。

〈導入期〉

　導入期は，製品が市場に導入される時期です。この時期においてはしばらく売上が低迷しますが，やがて需要がゆっくりと成長に向かいます。この段階でのマーケティング戦略の目的は，市場を創造し自社ブランドを確立することです。まだ市場ができていない画期的な商品の場合，いかにして新しい市場そのものを創造するかが重要となります。そのためには，自社の商品の良さを訴えるよりも，この商品が生活者に何をもたらすのかを訴求することが望まれます。

　この時期は製品の市場が小さいうえに，製品があまり知られておらず，消費者も今までの生活や購買の習慣を変えることに消極的であるために，売上が伸び悩む場合が多いといえます。よって，企業は広告費を増やし，商品の

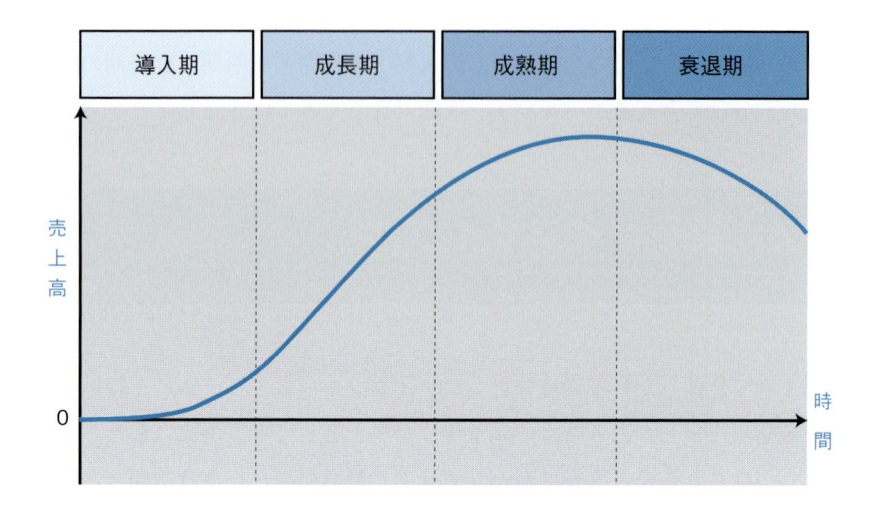

図5.5 製品ライフサイクル

表5.2 製品ライフサイクルと戦略

	導入期	成長期	成熟期	衰退期
売上高	低く，不安定	急激に上昇してピークへ	上昇が止まり，低下へ	低下
コスト	高い	平均的	低い	低い
利益	広告費や開発費などで相殺され，赤字	資金需要を吸収して，最大になっていく	プラスであるが，緩やかに減少	激減し，マイナスへ
競合企業	ほとんどなし	増加	多いが，徐々に減少	減少
顧客	革新者／初期採用者	前期多数派	後期多数派	遅滞者
マーケティング目的	製品認知と製品試用の促進	市場シェアの最大化	市場シェアの維持と利益最大化	支出の減少とブランドの収穫

認知度を高め，販売促進（製品試用）に力を入れることが必要です。市場規模が小さく，成長の見込みも不確実であるため，追随企業の数もまだ少ない状況です。

　導入期は，新技術や新製品の開発に成功した企業が新製品を市場に出すことから始まります。新製品の開発に成功し最初に市場参入すれば，将来的に生産プロセスにおけるノウハウを他社よりも早く蓄積できます。そして，経験効果に基づく有利なコスト競争を展開できます。経験効果については第3章，第4章で説明したとおりです。

　また，先発ブランドとして，消費者から当該製品カテゴリーの代名詞として認識されやすいという利点もあります。成長期に移行すると大きな経済的なメリットを得られるため，まず市場全体のパイを拡大することが先決です。とくに新技術や新製品については，消費者の知識も少なく，購買するときにリスクを知覚しやすいため，知識とリスクの問題を解決する必要があります。成長期への迅速な移行について，とくに重要な意思決定となるのが，製品価格です。導入期の段階では，生産量も少ないために，生産コスト・部品コストが高く，そのコストを価格に反映させると市場が広がらないという問題が発生しやすいのです。

　この時期に購入する消費者は，革新者や初期採用者です。革新者はイノベーターとも呼ばれ，社会において最初にイノベーションを採用する消費者で，新製品への関心，情報感度が高いといわれています。初期採用者はアーリーアダプターとも呼ばれ，社会において革新者のつぎにイノベーションを採用する消費者です。彼らもイノベーター同様に流行に敏感で，情報収集を自ら行う消費者です。一般大衆に影響を及ぼすオピニオン・リーダー的役割を果たすといわれています。

　革新者や初期採用者は，新製品に対する需要の価格弾力性が小さく，少々高い価格の製品でも購買するという特徴をもちます。需要の価格弾力性とは，価格が変化したときに，需要がどれだけの割合で変化したかをあらわす比率のことで，第6章で詳しく触れます。革新者や初期採用者はこの価格弾力性

が小さいため，販売開始直後は高価格が設定され，時間が経過するとともに部品コストの低下や競争によって価格が引き下げられる，スキミング戦略（上澄み吸収戦略）が有効です。

　早く成長期に突入するためには，一握りの革新者や初期採用者だけに受け入れられるのでなく，より多くの大衆に市場を拡大する必要があります。このような場合，赤字覚悟の低価格に価格を設定して，大衆市場を取り込み，規模の経済性が達成できる段階において利益を狙う価格設定もあります。これを市場浸透価格戦略と呼びます。革新者などを除き，多くの消費者は価格に敏感です。市場浸透価格戦略は，製品・サービスの高価格が普及のボトルネックとなる状況で選択されます。また，開発コストや生産コストが巨額になる場合にも，この戦略がとられる場合が多いです。市場浸透価格政策は大量販売・大量生産につながります。大量生産によって規模の経済が達成でき，ひいては他の競合企業に対する参入障壁が構築されるためです。需要の価格弾力性，スキミング戦略，市場浸透価格戦略についてはつぎの第6章でさらに詳しく触れます。

〈成　長　期〉

　成長期は，製品が急激に市場に受け入れられ，売上が大きく成長する期間です。全体として市場規模も急成長します。この時期のマーケティング戦略は，消費者のリピート購買を促し，そのブランドを愛用する度合い，ブランド・ロイヤルティ（第9章9.4節で詳述します）を向上させることです。

　市場が成長期になると，市場成長と利益に惹かれて競合がたくさん出てきます。そうすると市場全体の成長よりも，他社の商品に比べての優位性・差別点を訴えていくことが重要になります。新しい製品特徴を追求し，広範囲の消費者に向けた広告を行い，チャネルを拡大することが必要です。

　この段階で企業が重視するのは，市場におけるブランド地位を強化し，平均以上の売上成長を達成し，市場シェアを拡大することです。市場の拡大を支えるのは，購買者層の広がりです。顧客は少数の革新者・初期採用者から，

前期多数派へと広がっていきます。

　導入期の段階では，市場の成長可能性が明確ではなく，デファクト・スタンダード（業界標準）も定まらないため，他社は市場参入に慎重でした。しかし，成長期になれば，市場や技術の不確実性が減少し，市場参入が増加します。後発企業は，先行する企業の技術を模倣したり，改良を加えたりすることができるため，研究開発コストを低く抑えることが可能です。さらに，消費者に新技術や新製品を理解させる，あるいは採用するリスクを緩和する，といったことは，導入期において先発企業がすでに行っています。そのため，後発企業はそうした啓蒙活動を省略して，自社製品を販売することに集中し，効率的な広告・販促活動を展開できます。

　一方で，先発企業には，先発ブランドとしてのイメージや経験効果があるため，競合他社を圧倒する大規模な広告投資や，早い段階でのシェア獲得による生産性向上が必要になります。

　成長期において新たに当該製品を購入するのは，前期多数派（アーリーマジョリティ）と呼ばれる消費者です。彼らは採用にあたっては時間をかけ慎重ですが，社会の平均よりやや早いタイミングで採用する消費者です。

　前期多数派は，革新者や初期採用者のグループと比較して製品についての知識が少なく，情報処理能力も高くありません。そのため，導入期にみられるような情報提供型の広告を行っても効果的ではありません。むしろ，情緒的にブランド・イメージを伝えるような広告に切り替える必要があります。また，前期多数派の消費者に製品を販売するためには，幅広い流通チャネルを展開する必要があります。このためには小売店を通じた販促活動が効果的です。

〈成熟期〉

　成熟期においては，製品がすでに潜在的な買い手のほとんどに受け入れられ，売上の成長率が鈍化する期間です。この時期においては，収益は安定もしくは競争激化により減少します。製品の良さを訴えても成熟市場だけにな

かなか売上は伸びない時期です。これまでの製品と違った製品の「新しさ」が追求され，商品リニューアルが戦略の中心になってきます。また，多様な製品アイテムを，競合他社をしのぐ価格設定で提供することが求められます。

　この段階での新規購買者となるのは，後期多数派と遅滞者です。時間の経過とともに新規購買者が減少するため，売上の成長のスピードは低下します。売上の規模が大きいのは，反復購買や買い替え需要，多様な品種の追加購買が発生しているためです。この市場段階で競争優位を保つには，技術・品質・コスト・ブランドなどの強みをもつことが重要となります。

　成熟期になると，需要の多様化はいっそう進むようになります。後期多数派を加えて，当該製品を購買する消費者がますます増えたことで，選好の平均から外れた消費者もある程度まとまりをもつようになり，それが需要の多様化につながるとされます。

　需要の多様化が顕著になれば，特定の選好を示す市場セグメントをとらえる市場細分化戦略が有効です。中小企業は，需要の多様化によって発生する，大企業がとらえきれない小規模な市場セグメント（ニッチ市場）をとらえる戦略で存続をはかることができます。ただし，このようなニッチ市場では需要者が少ないために，製品が需要者に行きわたるまでの期間も短く，大企業が市場機会を求めて参入する脅威もあります。そのため，ニッチ市場のみで成熟期を長く生き残るのは困難であるといえます。

〈衰退期〉

　衰退期とは製品の売上が低下傾向を示し，収益が減少していく期間を指します。この時期は数多くの製品が市場を去るか，あるいはそれを検討する状態に陥ります。売上が低下するのは，製品の普及が飽和状態に陥りつつあるからです。また，その製品の代替を発生させる技術革新の登場もあります。たとえば，液晶テレビやプラズマテレビの登場は，ブラウン管テレビを衰退期に追いやりました。また，消費者の嗜好の変化による製品市場の衰退もあります。ブームの終焉という形で消費者が見向きもしなくなる製品もあれば，

消費者のライフスタイルの変化とともに，消費者が購買しなくなる製品もあります。かつては世代に関係なく購買されてきた製品が，若年層に選好されなくなり，高齢者層だけが購買するような製品がその典型例です。

　衰退期を迎えると，製品事業を維持する強い理由がない限り，その事業を継続することは，企業にとって大きな負担となります。市場が縮小して工場の生産稼働率が低下することによって，製品あたりの生産費用が上昇する一方で，需要が減少して在庫が過多となることで，販売価格の引き下げを余儀なくされ，損失が発生するからです。衰退期の戦略としては，①市場から撤退，②ブランド・ロイヤルティの高いユーザーに焦点を絞り，製品やアフターサービスを提供しつづける，③製品の再ポジショニング，があります。

　これまでみてきたように，ライフサイクルに応じてマーケティング課題は異なります。自社の市場がライフサイクルのどの時期にあるのかを，知っておくことは重要なのです。

5.5　プロダクト・ポートフォリオ・マネジメント（PPM）

　前節で述べたとおり，人間と同様に，製品は誕生から衰退までの流れをもちます。企業は，「今売れている製品は何か？」「将来伸びるのは何か？」を自問しながら，どの製品・サービスに資源を投入するかを考えます。プロダクト・ポートフォリオ・マネジメント（Product Portfolio Management；PPM）とは，こうした問いに答えるための分析ツールで，ボストン・コンサルティング・グループによって提唱されました。「ポートフォリオ」とは，「折り鞄」の意味で，もともと折り鞄に投資家が証券類を入れていたことから，証券，つまり資産などの組合せのことをポートフォリオと呼ぶようにな

りました。

　投資家は多様な投資案件を複数もつことによって、リスクを分散させ、安定的なリターンを得ようとします。同様に、企業が複数の事業をもつ場合、多様な製品を市場成長率・相対的市場シェアの観点から位置づけ（ポジショニング）、それに基づいて経営資源（ヒト・モノ・カネ・情報など）の配分を決定しようというのがPPMの考え方です。

　市場成長率の背景には、前節の製品ライフサイクルがあります。また、相対的市場シェアの背景には、「1単位を生産するのに要する総コストが、累積生産量が倍加するごとに15〜30%低減する」という経験曲線があります。ここでいう市場成長率とは、当該事業の市場の成長率のことです。相対的市場シェアとは、自社を除く最大手企業のシェアと、自社シェアの比率をあらわします。自社の市場シェアが業界1位で30%を占めており、自社を除く最大手企業のシェアが20%だとします。このときの相対的市場シェアは30/20＝1.5です。同様に、最大手企業のシェアが40%の場合、相対的市場シェアは30/40＝0.75となります。

　PPMでは市場成長率と市場シェアという2つの情報から各事業を図5.6のような2次元空間に位置づけます。その際、売上高は円の大きさで示されます。4つのセルにはそれぞれ特徴に従って「花形」「金のなる木」「問題児」「負け犬」という名称がつけられています（図5.6）。

　さて、PPMにはいくつかの前提があります。第1の前提は、相対的市場シェアが大きいほど（図5.6で左に位置づけられるほど）、資金流入が大きい、というものです。

　第2の前提は、売上を増大させるためには、資金が必要というものです。たとえば、市場成長率が高いほど（図5.6の上にあるほど）、業界の成長にあわせた設備投資をしなくてはいけないので、資金を必要とします。また、市場シェアを拡大させるためには（図5.6で左方向にシフトするためには）、広告宣伝、値引き、生産設備拡大などを積極的に行うことになり、資金が必要です。

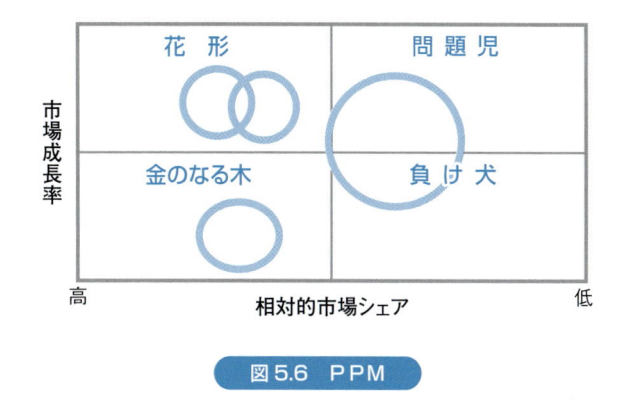

```
         花 形              問題児
   市
   場
   成    金のなる木          負け犬
   長
   率
     高      相対的市場シェア      低
```

図5.6　PPM

　第3の前提は，成長率は自然に低下する，というもので，これは先述のライフサイクルの理論に立脚しています。

　それぞれの特徴はつぎのとおりです。

〈花　形〉

　花形は，市場の成長率が高い中で高いシェアをとっているため，社内でもっとも勢いのある成長・成熟製品です。しかし，プラスのキャッシュ・フローを生むとは限りません。市場の変化の速さについていき，競合他社の攻撃を退けるために，相当の資金投入を必要とするためです。シェアが維持できれば市場成長率の鈍化につれて「金のなる木」になりますが，失敗すれば「問題児」に転落するリスクがあります。

〈金のなる木〉

　金のなる木は，かつては「花形」だった事業で，成長の鈍化した市場においても最大の相対的市場シェアを維持している事業です。シェアが高いために，資金がかからず収益率の高い製品です。成長率が低いので，過度な投資を控え，収益を他の製品へ回すことが求められます。企業にとって重要な資

金源となる成熟事業です。ここで得られた資金は花形や問題児に投入されます。

〈問題児〉

問題児は，市場成長率は高いが，シェアが低い事業です。したがって，資金の流出が非常に大きい事業です。将来の成長が見込める製品なので，「花形」にするために資金投入を継続する必要があります。ただし，花形への成長可能性の見極めは難しいといわざるを得ません。長期的には「金のなる木」と「負け犬」のどちらかになりうるので，事業の将来性を見ながら，堅実に資源配分することが求められます。

〈負け犬〉

負け犬は，低成長率であり，なおかつ相対的市場シェアが低い事業です。一般に利益が低く，損益を出しています。投入する資金以上の収益が見込めなければ，撤退・売却・縮小のどれかをとる必要があります。

PPMは資金の流出入という非常にシンプルな考えの上に成り立っています。企業が資金をつくるためには，大きく2つの方法があります。ひとつは，「金のなる木」から資金を得ること，もうひとつは「負け犬」を売却し，資金にすることです。こうして得られた資金は「問題児」に投入し，「問題児」を「花形」へと育成することが合理的な判断です。

PPMは複数の事業を抱える企業にとっては，有効な意思決定支援ツールです。これによって企業は資金をばらまくのではなく，選択と集中を行うことができます。しかし，デメリットもあります。PPMの中核をなすのは資金の流出入ですが，経営資源は資金的資源のみではありません。他の資源はどうなのでしょうか。人的資源という側面で考えると，場合によっては「負け犬」で優秀な人材が育成されている場合があります。こうした他の経営資源を考慮せずに売却・撤収することが正しい意思決定とは限りません。

また，社員のモチベーション（やる気）の問題があります。分析の結果，「負け犬」「問題児」のレッテルを貼られた事業部の社員はモチベーションを保つことが難しいかもしれません。PPM は複数の事業を抱える企業に投資の合理的な判断基準を与えてくれますが，すべての問題の解決策ではないことを留意することが必要です。

5.6　アンゾフの成長マトリックス

　PPM は市場成長率（資金流出）と市場シェア（資金流入）という 2 つの情報を用いて，企業のとるべき戦略を説明したモデルでした。PPM とは別のアプローチで企業のとるべき戦略を説明したモデルとして，アンゾフ（Ansoff, Igor）の成長マトリックスがあります（表5.3）。このモデルは製品の新規性と市場の新規性という 2 つの軸で分類します。

〈市場浸透戦略〉
　市場浸透戦略とは，既存市場に対して既存製品の売上高の増大をはかり，

表5.3　アンゾフの成長マトリックス

	既存製品	新製品
既存市場	市場浸透戦略	新製品開発戦略
新市場	市場開拓戦略	多角化戦略

浸透度を高める戦略です。対象となる製品は，新製品ではありません。また，製品カテゴリーも新規性はなく，通常ライフサイクルが成長期以上の段階にあるものです。この戦略の成功のためには，市場に成長性があることが条件となります。

市場浸透により企業の成長を高めるには，①市場需要の普及・拡大をはかる（つまり，顧客数を増やす），②顧客1人あたりの使用量を拡大する，の2つのアプローチがあります。マーケターは使用機会の開拓を行うことになります。

〈製品開発戦略〉

製品開発戦略とは，既存市場に対して新製品を売り込む戦略です。製品開発には前述の新製品開発プロセスが行われます。企業としては既存製品を機軸として製品ラインを拡大し，新製品の市場投入により，製品の切り替えを積極的に行う戦略です。事例としては自動車のモデルチェンジや，ソフトウェアのバージョンアップが挙げられます。パソコンのような高価格製品になると，短期間にすぐ新製品を発売することはユーザーの不満を生みだす危険性があります。

新製品への買い替えを促す手法として，計画的陳腐化があります。これは，製品の寿命を計画的に短縮化することによって，消費者の需要を刺激するマーケティング手法です。計画的陳腐化には，新製品に新しい機能をつけることで，従来の製品を古臭いと顧客に感じさせる機能的陳腐化と，デザイン変更などによって，それまで使っていたものを古臭く感じさせ，現在使用中の製品を買い替えさせること心理的陳腐化があります。また，顧客からみると許しがたいことですが，企業が意図的に製品寿命を短くする手法もあります（材料的陳腐化）。これは，弱い素材や壊れやすいものを原材料として使用し，頻繁に買い替え需要を喚起させる手法です。

計画的陳腐化には，資源の浪費，環境破壊につながるという批判があります。一方で，計画的陳腐化戦略で買い替え需要を喚起し，経済成長に寄与す

るというプラス面もあります。買い替えによる売上は，ひいては企業の収益向上・雇用促進などにつながるからです。また，ある製品の新モデルが販売されるということは，それによって旧モデルが生まれることを意味します。旧モデルは中古市場やオークション市場などに出回ることになり，低所得者にとっては，安くてある程度良質な製品の入手機会が増えることを意味します。こうしたプラス面もありますが，消費者の間にエコ意識が高まる中で，計画的陳腐化戦略は社会的にも企業のブランド・イメージに悪影響を及ぼすとみられています。

〈市場開発戦略〉

既存製品を新規市場に売り込む（市場を開拓する）戦略です。たとえば，これまで女性用であった化粧品を男性市場に売り込む，赤ちゃん用の低刺激のシャンプーを女性に売り込む，などが挙げられます。また，日本市場で販売している製品を海外市場に投入するのもこの戦略の一例です。製品そのものに新規性はありませんが，企業にとって対象とする市場（すなわち顧客）が新しいのがこの戦略です。

〈多角化戦略〉

新規の市場に新製品を売り込む戦略です。企業にとってはこれまでの事業活動とはまったく異なる事業活動といえます。

多角化戦略には大きく分けて4つのタイプがあり，それぞれ①水平的多角化，②垂直的統合，③同心的多角化，④コングロマリット的多角化，と呼ばれます。アイスクリームメーカーを例にとると，①はアイスクリームメーカーがケーキやプリンの生産まで手を広げること，②はアイスクリームメーカーがこれまで顧客として購入していた生乳などの原材料の生産を自ら手掛け，生産すること，③は冷凍技術を生かしてフローズンヨーグルトの分野まで手を広げること，④はインテリアショップなどこれまでの技術や顧客とは関連性のない事業を展開することです。④のように関連性のない分野に手を広げ

る場合，シナジー効果は期待できません。また，蓄積してきたノウハウを活用できず，失敗のリスクが大きいともいえます。しかし，既存事業が低迷した場合に，こうした関連性のない分野はダメージを受けにくいため，企業にとってはリスク分散になるというメリットがあります。

5.7 まとめ

マーケティングの基本は，自社の製品・サービスのターゲットを定義し，彼らに買ってもらい，好きになってもらうようにすることです。本章ではそもそも「製品とは何か」を学び，消費者に受け入れられる製品を世に送りだすための新製品開発プロセスを勉強しました。こうして市場に導入された製品は，人間と同様にライフサイクルをもっています。このライフサイクルを利用した戦略として PPM を，市場の新規性と製品の新規性という2つの情報で企業の成長戦略を検討するアンゾフの成長マトリックスを学びました。

演習問題

5.1 企業を1つ選び，ウェブサイトで製品ミックスを調べてみましょう。

5.2 製品ライフサイクルの各段階に相当する製品・サービスカテゴリーを考えてみましょう。

5.3 複数の事業をもっている企業を1つ取り上げ，各事業の市場成長率，相対的マーケット・シェア，売上高を調べ，PPM を実践してみましょう。

第 6 章

価格戦略

　ある製品・サービスを何円で販売するかという価格設定は，企業の売上や利益に直結します。そのため，価格に関する意思決定は，マーケティングの意思決定の中でもっとも重要な意思決定のひとつです。

　どんなにある製品・サービスを良いと思っても，価格が高すぎる，あるいは低すぎると感じれば消費者は財布を開くことはありません。本章では，適切な価格の設定方法を学びます。

○ KEY WORDS ○
コストプラス法，上層吸収価格戦略，市場浸透価格戦略，
EDLP戦略，ハイ・アンド・ロー戦略

6.1　価格戦略の目標

　企業はそもそもなぜ価格を設定するのでしょうか。どのような意思決定にも，その先に達成したい目標があります。価格設定の背後にはどのような目標があるのでしょうか。

　第1の目標は，売上の最大化です。売上を最大にするような，適切な価格設定を行うことが必要となります。

　第2に，目標利益率の達成があります。売上と利益の関係は後に詳しく触れますが，数多く販売するだけでなく，利益を確保できるような価格を設定することが求められます。

　第3は，マーケット・シェアの維持・拡大です。同じ製品・サービスカテゴリーで競争する他社との競争に勝ち，市場における自社のポジションを維持・獲得できる価格を設定する必要があります。また，市場シェアは参入障壁の構築にもつながります。

　第4は，価格の安定化です。価格の安定は，利益の安定化につながります。また，安定的な価格で製品・サービスを提供するということは，安易な値引きをしないということです。このことは，企業イメージやブランド・イメージの維持向上にも有効です。

　さらに，製品・サービスを扱い，販売してくれる流通業者の利益確保も，重要な目標のひとつです。

　次節からは消費者心理とさまざまな価格について概観し，これらの目標を達成するための具体的な価格設定方法を学びます。

6.2　価格の設定方法

価格設定（pricing）とは，製品・サービスの価格を決定することです。価格設定には，大きく分けて，①コストに基づく価格設定，②需要に基づく価格設定，③競争に基づく価格設定，の３つの方法があります。第１の方法は，原価と価格を見比べ，儲けを出すために収入を確保しよう，という考え方です。第２の方法は，買い手の需要に着目した考え方です。第３の考え方は，競合他社の動向に着目し，ライバルとの競争に勝つことに重点を置いた考え方です。順に詳しくみていきましょう（図6.1）。

◯ コストに基づく価格設定

コストに基づく価格設定法には，コストプラス法（full cost pricing）があります。コストプラス法とは，製品であればまず製造原価からスタートし，原価に一定の利益を加えたものを販売価格とする方法です。

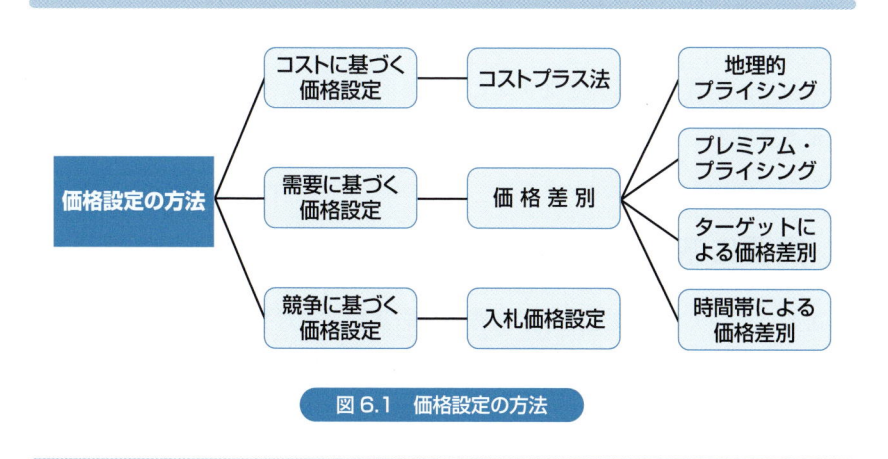

図6.1　価格設定の方法

たとえば，携帯電話1台に必要な変動費が10,000円で，固定費が3億円だったとします。ここでいう変動費（variable cost）とは，生産・販売量に応じて増加するコストで，事例としては原材料費などが挙げられます。固定費（fixed cost）とは，生産・販売量にかかわらず固定的にかかるコストで，設備費や地代などが含まれます。このとき，10万台の販売が見込めれば，1台あたりの原価は，以下のように計算することができます。

$$
\begin{aligned}
1台あたりの原価 &= 変動費＋（固定費÷見込み販売量）\\
&= 10,000円＋（3億円÷10万台）\\
&= 13,000円
\end{aligned}
$$

もしここで20%の利益率（マージン，マークアップ）を目指す場合，価格は以下のように設定されます。

$$
\begin{aligned}
価格 &= 1台あたりの原価÷（1－利益率）\\
&= 13,000円÷（1－0.2）\\
&= 16,250円
\end{aligned}
$$

この方法では，売上さえ確保できれば確実に利益が得ることができますが，あくまでも自社のコストのみを基準としているため，市場においてその価格が受け入れられるかどうかは保証されません。競合と比較して価格の優位性があるか，消費者の購入を促すことができるか，という点は不透明といわざるをえません。

○ 需要に基づく価格設定

需要に基づく価格設定法は，消費者がある製品に対して，どの程度の価値を認めているかが価格設定の基礎となります。具体的には，調査を実施して製品コンセプトを消費者に提示し，この製品は何円の価値があると思うかという知覚価値が測定されます。企業はその結果に基づいて価格を決定します。

市場セグメントごとに需要が異なる場合，それぞれのセグメントに対して異なる価格を設定することも可能です。消費者間で需要の価格弾力性が異なるときに，それぞれにあわせて異なる価格を設定することを価格差別といいます。これは，高く買ってくれる消費者には高く，そうでない消費者には安く販売することです。

　需要の価格弾力性とは，価格が変化したときに，需要がどれだけの割合で変化したかをあらわす比率のことです。なお，$\varDelta$（デルタ）は微少な変化（微分）を表現しています。

価格弾力性 = 需要の変化率 ÷ 価格の変化率
$\quad e \quad = \quad \varDelta x/x \quad ÷ \quad \varDelta p/p$

e：価格弾力性
x：販売量
p：価格

　たとえば，100円の商品を，5円値下げしたとします。これによって，値下げ前に1,000個売れていたのが，1,100個売れたとしましょう。この場合，価格弾力性はつぎのように計算できます。

$$\begin{aligned} e &= \varDelta x/x ÷ \varDelta p/p \\ &= (100/1000) ÷ (-5/100) \\ &= 10\% ÷ -5\% = -2 \end{aligned}$$

　需要の価格弾力性が高くなるほど価格の変動が需要に及ぼす影響が大きく，逆に需要の価格弾力性が低くなるほど価格の変動が需要に及ぼす影響が小さくなります。

　さて，価格差別の例を考えてみましょう。たとえば，学割は顧客のデモグラフィック情報でセグメントを分け，学生には低価格を設定しています。深夜割引は時間帯でセグメントを分け，深夜の利用者に低い価格で提供してい

ます。逆に，タクシーの深夜料金は深夜に移動する必要性があり，価格弾力性が低い消費者に高い価格を設定している例です。

また，シートでセグメント分けし，同じ移動距離に異なる価格を設定する事例としては飛行機のビジネスクラスや新幹線のグリーン車があります。ほかにも，地域ごとに異なった価格を採用する方法があります。これを，地理的プライシング，あるいはゾーン・プライシングと呼びます。

また，プレミアム・プライシングでは，低価格のベーシック・バージョンと利幅が大きい高価格なプレミアム・バージョンの最低2種類を生産し，プレミアム・バージョンを価格に敏感でない消費者層に，ベーシック・バージョンを敏感な消費者層に販売します。この価格設定方法では，プレミアム・バージョンで利益を拡大し，両バージョンで規模の経済を達成することによってコストを下げることを意図しています。

ここで挙げた価格の設定方法は，すべて消費者がある製品に対して，どの程度の価値を認めているかに基づいて決められています。

◯ 競争に基づく価格設定

競争に基づく価格設定法とは，競争企業との関係を重視した価格設定法です。競争企業が設定している価格と同じレベルにしたり，追随したりする方法です。他社を追従せず，自らカテゴリーの価格を設定するような企業を，プライス・リーダー（price leader）と呼びます。通常，プライス・リーダーは大きな市場シェアをもち，製品開発の先頭に立つような業界のリーダーです。

競争に基づく価格設定の例としては，入札価格設定が挙げられます。これは，公共事業や生産財（原材料や部品など，製品・サービスを生産するために必要となるモノ）などで利用されます。入札制度では，ある案件の入札に応じた業者が，それぞれ価格を提示します。発注者は提示された価格を検討し，業者を決定します。通常，最低価格を提示した業者が選ばれます。選ば

れた業者の提示した入札価格が価格として設定されます。

6.3 消費者心理と価格

　企業が設定した価格が受け入れられるかどうかは，購買者である消費者の心理に大きく依存します。消費者が製品・サービスを購入する際に心理的に比較・評価する基準となる価格を参照価格（reference price）といいます。参照価格には消費者の過去の経験から形成される内的参照価格と，たとえばプライスカードなど購買を取り巻く外部環境から形成される外的参照価格があります。内的参照価格は，買い手がその価格が妥当かどうかを判断する基準となる自分の中の価格であり，値ごろ感をあらわしているといえます。

　本節では，消費者心理に基づいた価格設定を学びます。

〈端数価格〉

　端数価格とは，99円，1,980円というように，端数をつけて割安感を出す方法です。たとえば，98円と100円では2円しか変わりませんが，90円台と100円台で，大きな開きがあるイメージを消費者に与えます。

　価格が2桁から3桁に変わると，実際よりも高い価格に感じられてしまいます。こうした効果を大台効果と呼びます。端数価格はこうした消費者心理を利用した価格設定なのです。

　端数価格は英語で"odd price"と呼ばれます。oddとは奇数を意味しています。アメリカでは99.99ドル，3.99ドルといった値札を小売店の店頭でしばしば目にします。

〈威信価格〉

　威信価格とは，価格をあえて高くすることによって，商品の価値を高める

方法です。こうした手法は高級ブランドによく用いられます。この背景には，「値段が良ければ品質も良いだろう」と考える消費者の心理があります。

製品の品質を判断する力が弱い消費者にとっては，価格が製品の品質を推し量るバロメーターになります。これを価格の品質バロメーター機能といいます。この価格設定法はこうした効果を狙った方法といえます。

〈段階価格〉

段階価格とは段階別に価格設定する戦略です。すし屋やうなぎ屋などで松竹梅の3つの価格が設定されているのが具体例です。こうして段階つきの価格を設定することによって，低価格のコースはリーズナブルにみえます。また，高価格のコースにはプレミアム感を感じることでしょう。さらに，意図的に高価格のコースを設定することによって，実は低価格ではないコースを相対的に低価格に見せることも可能です。

〈均一価格〉

99円ショップや100円ショップ，ワンコイン・ショップなど，均一価格を設定する戦略です。「手軽さ」と「明快さ」を売りとした販売促進効果が得られます。

〈値ごろ価格，留保価格，慣習価格〉

店頭でのフィールド調査や消費者にこの商品がいくらなら買うかという内容のアンケート調査を行うなどして，消費者の値ごろ感を探り，その調査結果を踏まえた価格設定を知覚価値プライシングといいます。これは，消費者の知覚価値，つまりある商品に対して抱いている価値を重視した価格設定方法です。

値ごろ価格とは，ある製品カテゴリーを考えたときに，妥当だと思われる価格帯のことです。たとえば牛乳であれば約200円が妥当な価格と考えられているでしょう。

また，「この製品はこれくらいの値段が適当であろう」と消費者が感じる価格幅の上限を留保価格と呼びます。消費者がこの留保価格を超えて購入することは少ないといえます。また，消費者の留保価格が低い場合は，消費者は価格に敏感になります。

　一方，慣習価格とは，慣習的に一定の価格水準が浸透している商品の価格設定のことです。缶ジュースやガム，飴などは，慣習として長期間にわたり価格が決まっています。たとえば500mlペットボトルのお茶飲料であれば，150円が慣習価格です。

　ある価格が受け入れられるかどうかは，購買者である消費者の心理に大きく依存します。そして，価格の受け止められ方は，消費者が価格を見る順番などの周辺状況によっても大きく差が生じます。たとえば5,000円のジーンズは，1,980円のジーンズを試着した後では高く，19,800円のジーンズを見た後では安く感じるでしょう。こうして同じ5,000円でも周辺状況によって消費者の受け止め方に差が生じる現象を価格の文脈効果と呼びます。

6.4　新製品の価格設定

　これまでは，価格設定の基本的な手法を学びました。ここからはとくに新製品に注目し，新製品の価格設定について学びます。新製品を市場導入するとき，企業がとるべき戦略は大きく分けて2つあります。ひとつはスキミング戦略（上澄み吸収戦略），もうひとつは市場浸透価格戦略です。これらの用語は第5章の製品ライフサイクルの部分ですでに登場しています。

○ スキミング戦略（上澄み吸収戦略）

　スキミング戦略（skimming pricing policy；上澄み吸収戦略）とは，新製品に高い価格を設定し，高い価格でも購入する消費者に販売することで新製品開発の投資を早めに回収する戦略です。ここでいうスキミングとは，市場におけるもっともうまみのある部分をすくい取る，ということです。第5章で登場した革新者や早期採用者は，価格弾力性が低く，高価格でも新技術を用いた新製品を購入します。この戦略ではこうした消費者をターゲットとします。

　また，この戦略では競争企業による類似商品が登場した後は，競争が激化するのに従って，徐々に価格を引き下げてシェアの確保をはかっていこうとします。この戦略の長所としては，新製品の研究開発費を早期に回収することが挙げられます。

　この戦略が成功するためには，いくつかの条件があります。まず，高価格を設定しても受け入れられるような，優れた品質やブランド・イメージを確立していることです。低品質であったり，ブランド・イメージが低いにもかかわらず高価格を設定しても，消費者は購買してくれません。つぎの条件は，高価格でも購入するという顧客が十分に存在していることです。高価格でも購入する市場セグメントの規模が小さいと，利益の回収には至りません。また，この戦略では初期に少量生産を行わざるをえません。大量生産ができないということは，当然規模の経済も望めませんし，生産コストは高くなりがちです。この，生産コストが収益を上回らないこと，というのがつぎの条件です。他にも，競合他社が自社より安い価格で迅速に追随してこないことや，特許などの法的保護を受けていることも，成功のための条件となります。

○ 市場浸透価格戦略

　市場浸透価格戦略（market penetration pricing policy）とは，製品やサー

ビスを市場に早く普及・浸透させるために低価格を設定する戦略です。この戦略は，累積生産量が多くなればいずれ低コスト化することを見越して，新商品発表時に損を覚悟で安い価格で販売し，市場シェアを獲得することを目指します。最初は赤字（コスト＞価格）となりますが，低価格で市場を独占し大量生産が可能になれば，規模の経済性が期待できるため，コストはいずれ低くなります。このように，この戦略は中長期的には利益が出る仕組みなのです。

市場浸透価格戦略は，つぎの場合で有効であるといわれています。第1に，製品が耐久消費財の場合です。耐久財の事例としては冷蔵庫や洗濯機などが挙げられます。こうした財は買い替えまでの期間が長いために，既存企業が一度浸透価格戦略によって市場を押さえてしまえば，新規参入企業が入り込む余地がなくなります。つまり，新規参入企業に対して参入障壁を形成することができるのです。

第2に，需要の価格弾力性が高い場合です。需要の価格弾力性についてはすでに6.2節で詳しく説明しました。価格を下げることによって需要が大きく増大するような場合，この戦略は有効です。

第3の場合は，スイッチング・コストがあるときです。第4章で勉強したように，スイッチング・コストとは現在利用している製品・サービスから別会社の製品・サービスに乗り換える際に，顧客が負担しなければならないコストのことです。

この戦略が成功するための条件としては，①需要の価格弾力性が高く，低価格によって市場を拡大させる可能性が高いこと，②売上高の増加にともなって，生産コスト・流通コストが顕著に低下すること，③低価格の設定によって，競合他社に対して参入障壁を形成できること，④競合する商品間で技術格差がなく，同質性が高いこと，⑤マス・マーケットの開拓が可能であること，などが挙げられます。

6.5　小売企業の価格戦略

　最終消費者が支払う価格は，製品・サービスを生産するメーカー企業と，それらを仕入れ，販売する小売企業の2つのプレイヤーの意思決定の結果です。これまで紹介した価格戦略は，メーカー企業が策定・実行するものでした。本節では小売企業の価格戦略を紹介します。小売企業の価格戦略には，大きく分けてEDLP戦略とハイ・アンド・ロー戦略の2つがあります。

○ EDLP戦略

　EDLPとは"everyday low price"の略です。これは「毎日が低価格」という意味で，小売店が消費者に対して商品を毎日低価格で販売する戦略のことです。

　EDLP戦略を採用しているスーパーマーケットでは，消費者は日々の価格に左右されることなく，欲しいときに欲しい物を購入できます。そのため，顧客の信頼が得られ，固定客の増加がはかりやすくなります。

　毎日低価格で販売するということは，特売日を設けないということです。特売日やセールは，そのことを告知するために広告を行うのが普通です。EDLP戦略の場合は特売日自体がないため，こうした広告費を負担する必要がなく，販売コスト低減につながります。

　EDLP戦略を成功させるためには，低価格であっても良質の商品を提供し，消費者の支持を得ることが重要です。さらに，低価格販売でありながら，利益を確保する必要があります。そのためには，徹底したコスト管理と物流戦略の効率化が課題となります。

　この戦略のメリットとしては，価格を変動させないため，価格に対する消費者の信頼感を得られることが挙げられます。また，価格が安定してい

とにより消費者の価格に対する情報処理負荷が軽減され，消費者は安心して買い物することができます。

小売業がチラシなどによって大幅な値引きをする商品をロス・リーダー商品と呼びます。EDLP戦略を採用する小売業者では価格が安定しているため，結果的にロス・リーダー商品を求める買い回り行動が減少します。また，消費者からするとワンストップ・ショッピングが可能となります。このことは小売業者に大きな利益をもたらします。また，消費者の需要が平準化され，予測が可能になれば，メーカーの生産量も平準化され，生産の効率化が図られます。このことは流通の在庫管理，管理コストの低減につながります。

ハイ・アンド・ロー戦略

ハイ・アンド・ロー戦略（high and low pricing strategy）とは，通常価格で販売されている商品の価格を一時的に値引きする価格戦略です。この戦略では目玉商品などのバーゲン品を設定して，顧客を引きつけます。これにより，来店頻度の少ない顧客や見込み顧客に来店を促すと同時に，来店客にロス・リーダー商品の購買のみではなく，他の商品も購買させ，衝動買いに代表される非計画購買を誘発することができます。こうした非計画購買は結果的に客単価を上昇させます。

この戦略のメリットとしては，1つのブランドに対して多様な価格設定を行うことができるので，価格感度の異なるセグメントや個人に異なる価格を提供することができる点が挙げられます。また，特定のブランドをロス・リーダー商品にし，安価に販売することによって，消費者に買いやすいイメージを植えつけることができます。

この戦略のデメリットとしては，消費者の価格に対する信頼感を失わせる可能性が挙げられます。安易な値引きは消費者の参照価格を低下させることになり，値崩れを招く危険性があります。

また，店頭における在庫管理が難しくなることも問題点として挙げられま

す。このことは，管理コストの増加を招きます。通常，一時的に値引きを実施すると販売量は増加するので，小売店は店頭の在庫数量を増加させる対応をとります。しかし，正確な需要予測が行われないと，売れ残りや欠品が生じ，消費者の店舗への信頼感を失うことにつながる恐れがあります。

　この戦略の他のデメリットとしては，ロス・リーダー商品だけを購入し，他の商品を購入しないチェリーピッカーの存在が挙げられます。チェリーピッカーとは，「おいしそうなサクランボだけを摘む人」から転じて「バーゲンハンター」という意味です。これ以外にも，目玉商品やセールを告知するための広告宣伝費のコストの上昇といった問題点があります。

6.6　流通業者に対するメーカー企業の価格戦略

　第7章の流通戦略で詳しく述べますが，メーカーから消費者の手に製品がわたるまでの間に，中間業者としての小売業者や卸売業者が存在します。ここまでは主にメーカー企業や小売企業が最終消費者に対して価格を設定する際の戦略について学んできました。しかし，最終消費者に対しては売り手である流通業者は，メーカー企業に対しては買い手として位置づけられるのです。

　メーカー企業と流通業者の間には売買取引があり，メーカーは流通業者に対して販売価格を設定します。本節ではメーカー企業の対流通の価格戦略をみていきます。

○　割　引

　割引とは，販売業者の取引条件に応じて，表示価格から一定の割合の金額

を差し引き，実際の販売価格とするものです。割引にはいくつかの種類があります。

- **業者割引**

  業者割引とは，販売業者の流通段階や遂行する流通機能に対して行われる割引のことです。流通機能を担う主体には大きく分けて卸売業者と小売業者があります。この業者割引の割引率は，一般的に対小売業者よりも対卸売業者のほうが大きいといわれています。

- **数量割引**

  数量割引は，大量に購入してくれる流通業者に対する割引です。小売業者や卸売業者などが大量販売のための大量仕入れを行う場合には，売り手であるメーカーは流通業者に対して一定の割引を行います。

- **現金割引**

  業者間での売買は，一般に商品と引き換えに代金を支払うのでなく，締め日後に入金する掛払いや，手形を使った延べ払いといった後払い形式で行われ，現金は用いられません。手形払いや掛払いには貸し倒れのリスクがあります。また，代金の請求や回収のために経費が必要です。こうした中で，現金で支払ってくれる流通業者は貴重な存在なので，流通業者が代金を現金で支払う場合は，一定の割引をする現金割引が行われます。

- **季節割引**

  オフ・シーズンの製品を購入する流通業者には，一定の割引（季節割引）が実施されます。たとえばアイスクリームや鍋料理の調味料を想像してください。こうした季節性の高い商品は，ある時期に需要が集中してしまいがちです。季節割引は需要の一定時期への集中を減らして平均化し，生産設備の稼動効果を高めます。

- **販売促進割引**

  第8章で詳しく触れますが，販売促進（セールス・プロモーション；SP）を実施する主体はメーカーと流通業者の2つがあります。販売促進

割引とは，製品の買い手である流通業者が売り手であるメーカーの代わりに販売促進活動を行う場合に提供される割引です。この割引は小売業者がメーカーの製品を広告したり，販売促進キャンペーンを実施する場合に適用されます。

○ リベート

メーカーが流通業者，なかでも小売業者に対して行う価格戦略において，割引と並んで重要な位置を占めるのがリベートです。リベートとはメーカーが販売店などに対して，その売上高などに応じて商品代金の一部を払い戻す制度です。そのため，価格条件の事後的な調整と位置づけられます。販売店が大量に仕入れた場合や現金仕入れの場合には，リベートの割合が高くなります。リベートの条件が良ければ，販売店が力を入れるため，販売促進にもつながります。

- 数量リベート

大量時引の促進を目的とするリベートとして，数量リベートがあります。取引量のランクごとに割戻率を定め，取引量が多くなるほどその率を高くする方法が一般的です。

- 現金リベート

代金の早期回収を目的とするリベートとして，現金リベートがあります。現金による支払期限のランクごとに割戻率を定め，支払いが早くなるほどその率は高くなります。

- 早期取引リベート

季節製品の早期取引を目的とするリベートとして，早期取引リベートがあります。取引時期が需要期より早くなるほど，割戻率は高くなります。

- 目標達成リベート

目標達成リベートとは，取引先の販売意欲を刺激することを目的とする

リベートです。あらかじめ販売業者との間に決めておいた販売目標の達成度に応じて，割戻率が決定されます。

これまで学んだ割引やリベートは，メーカーが流通業者に製品を販売する際の価格に関する戦略でした。そして，その前提は，メーカーによって希望小売価格が設定されていることでした。これに対して，販売する製品に対してメーカーが希望小売価格を定めず，各小売店に自由に販売価格を決定させる制度をオープン価格（open price）と呼びます。

6.7 まとめ

　本章では，メーカー企業や小売企業の価格の設定方法について学びました。しかし近年，企業の価格戦略を取り巻く環境は大きく変化しています。インターネット上の価格比較サイトの登場により，消費者は製品・サービスの品質や評判，販売価格に関する情報を容易に取得できるようになりました。どんな製品があり，それらがどんな特徴をもつか，どの店で買えば安くなるのかなどの情報探索にかかわるコストを探索コストと呼びます。インターネットの登場は，情報リテラシーの高い消費者にとっては探索コストの低減をもたらしますが，インターネットに不慣れな消費者にとっては情報の爆発はむしろ情報探索コストの増大を意味することでしょう。

　いずれにせよ，インターネット上は希望する製品の最低価格を検索・閲覧することが可能になったことは，企業間の価格をめぐる競争に変化をもたらしています。

演習問題

6.1　スーパーマーケットのチラシや店頭情報から，ロス・リーダー商品を探してみましょう。どのような商品がロス・リーダー商品となっていますか。考察してみましょう。

6.2　家電の新製品を1つ選び，新発売からの価格の推移を調べてみましょう。その商品はどのような価格戦略を採用しているか，考えてみましょう。

第 7 章

流通戦略

　魅力的な製品をつくり，適切な価格を設定しても，それを販売する場がなければ消費者の手にわたることはありません。メーカーがある製品を販売する場所にはどのような選択肢があるのでしょうか。また，その場所に至るまでの流通経路は，どのように設計できるのでしょうか。

　本章では，マーケティングの4PのひとつであるPlace（場所）に焦点を当て，流通に関する基礎知識を学びます。そして，流通に関するメーカーの管理の仕方や，その戦略について学びます。

○ KEY WORDS ○
流通チャネル，チャネル政策，物流システム，
垂直的マーケティング・システム

7.1 流通チャネルとその機能

○ 流通チャネル

　流通チャネル（marketing channel, distribution channel）とは，メーカーから最終ユーザーに製品がわたるまでの場所と経路のことです。流通チャネルには小売企業，卸売業者などが含まれます。

　小売企業（retailer）とは，主として最終消費者に製品・サービスを直接販売する企業のことです。具体的には，スーパーマーケットやコンビニエンス・ストア，百貨店，ディスカウント・ストアなどが含まれます。スーパーマーケットは食品スーパー（SM）と総合スーパー（GMS）に分かれ，総合スーパーは流通の専門用語で GMS と呼ばれます。GMS は "general merchandise store" の頭文字をとった略語で，買回り品を中心に家具，家庭用品，家電製品，衣類など幅広い品揃えをもつ小売業態です。同様に，コンビニエンス・ストアは CVS と呼ばれます。

　近年注目を集めているディスカウント・ストア（DS）も，小売業態のひとつです。ディスカウント・ストアとは商品を常時安売りしている小売店のことです。この小売業態では商品を現金で大量に仕入れることで仕入価格を抑え，低価格を実現しています。また，人件費や店舗運営費を節約しているため，商品を安く売っても利益が出る仕組みになっています。小売企業はこうした物理的な店舗をもつ業者に限定されません。自動販売機も，通信販売も，訪問販売も小売業のひとつに数えられます。

　卸売業者（wholesaler）とは，小売企業など再販売を目的として製品・サービスを購入する相手に，メーカーや生産者から仕入れた製品・サービスを販売する企業です。生産にかかわるメーカーや生産者は，卸売業者には含まれません。また，最終消費者に販売する小売企業も，卸売業者には含まれま

せん。流通プロセスでメーカーと小売企業の間に存在する企業はすべて卸売業者といえます。

そもそもなぜ，メーカーと最終ユーザーの間に，流通業者が存在するのでしょうか。その理由は，取引数削減のためです。複数のメーカーと複数の消費者の間に流通業者を置き，すべての取引がこの流通業者を通じて行われるほうが，社会的に見た取引総数は少なくなり，ひいては社会的流通コストが節減されます。

具体例を挙げましょう。4社のメーカーと，4人の消費者が存在したとします。それぞれが直接取引をすると，取引回数は4回×4回＝16回となります（図7.1）。ここで，メーカーと消費者の間に流通業者を置き，すべての取引が流通業者を通じて行われるようにします（図7.2）。取引の数は企業4社が流通業者と取引する回数（4回）と，4人の消費者が流通業者と取引する回数（4回），つまり4＋4＝8回となります。

消費者の立場に立って考えると，1軒の小売業ができるだけ品揃えを豊富にしてくれれば，個別の小売業を複数まわる不便さが解消されます。つまり，流通業者が企業と消費者の間に介在することによって，消費者はワンストッ

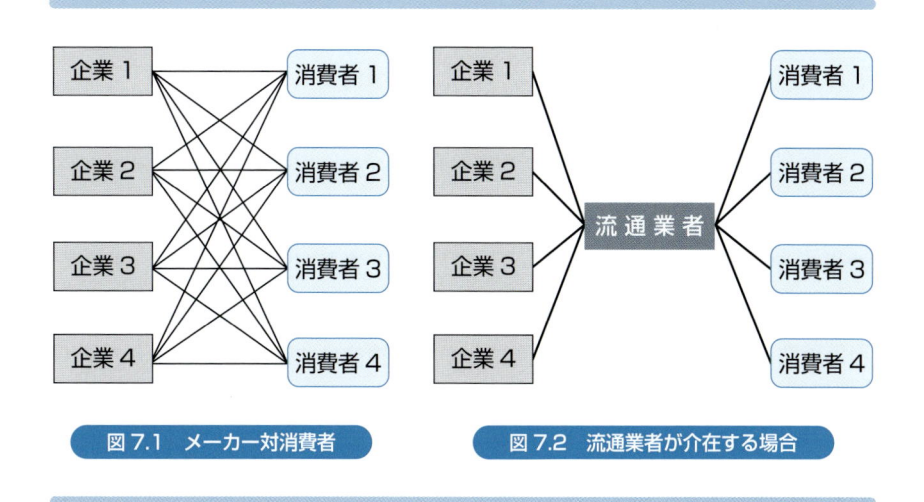

図7.1　メーカー対消費者

図7.2　流通業者が介在する場合

プ・ショッピングが可能になり，取引回数を減少させることができるのです。

◯ 流通チャネルの機能

　流通に関するメーカー企業の意思決定は，①どこで販売するかという場所を選択する問題と，②その販売場所に到達するまでにどのような経路をたどるかという問題に大別できます。経路はさらに商流，物流，情報流に分かれます。

　商流とは，商取引の流れのことです。メーカーと最終ユーザーの間には，小売企業や卸売業者といったさまざまな企業があり，それぞれが商取引を行います。商流は商取引において発生する「売買機能」を意味し，売り手から買い手へとモノの所有権（サービスの場合は使用権）が移転を指します。

　物流は，ロジスティクスとも呼ばれます。これは，モノの物理的な流れです。これは，企業は製品を製造した後，その製品をどのように輸送，保管するかに関する事柄です。物流の機能には「輸送機能」と「保管機能」があります。輸送機能は生産地点から消費地点へ製品を移転するための諸活動のことです。保管機能とは，生産地点から消費地点に至るまでの間，その価値を損なうことがないよう，製品を保存するための諸活動です。物流センターなどは，物流機能を果たす流通業者の具体的な事例といえます。

　情報流は商品や取引に関する情報を収集し，それを加工して価値を加えた上，流通過程にフィードバックする情報の流れのことです。情報流の機能は，情報伝達機能です。情報伝達機能とはたとえば産地や製品の生産者に関する情報を消費者に伝達する，あるいは反対に，消費者がいつ，どこで，どれくらい，いくらで購入したかといった消費者に関する情報を生産者に伝達するための諸活動を指します。情報流にかかわる機能は前述の商流と物流の効果と効率を促進する役割を担っています。情報流がスムーズに流れることによって，売買取引が促進され，必要な製品が必要なときに必要な分だけ消費者のもとに届くようになります。

消費者に関する情報を伝達するのに重要な役割を占める仕組みに，POSシステム（point of sale；販売時点情報管理システム）があります。POSシステムは主に小売業において，ある製品がいつ，いくらで，どこで，何個売れたのかを記録し，データ集積・分析を可能にする情報システムです。店頭での精算時に，店員は商品に付与されたバーコードをレジに設置されたスキャナーで読み取ります。すると，消費者に対しては価格が表示され，背後では販売データが記録されるのです。収集した販売データは売れ筋の把握，在庫管理，プロモーション計画などにおいて，重要な情報をもたらします。

7.2　流通チャネルの階層と種類

　流通経路は，生産者から消費者に至るまでに介在する中間業者の数によって，いくつかのタイプ分けができます。製品の提供者には野菜を生産する農家が産地直送で消費者にモノを届けるという場合もあるので，ここではあえてメーカーに限定せずに「生産者」として説明をします。図7.3 にゼロ段階チャネル，1段階チャネル，2段階チャネル，3段階チャネルの4つのタイプを図示しました。以下，順に説明します。

〈①ゼロ段階チャネル（生産者→消費者）〉

　ゼロ段階チャネルでは，生産者が流通業者をまったく通さずに消費者と直接取引をして商品を販売します。生産者による直販なので，ダイレクト・モデル（direct model）とも呼ばれます。PC メーカーなどが電話やインターネットから直接顧客の注文を個別に受け，商品を販売するのはダイレクト・モデルの具体例にあたります。

　最近では，インターネットの普及によって，こうした方法を採用するメーカーが増えてきています。中間流通業者が介在しないため，ゼロ段階チャネ

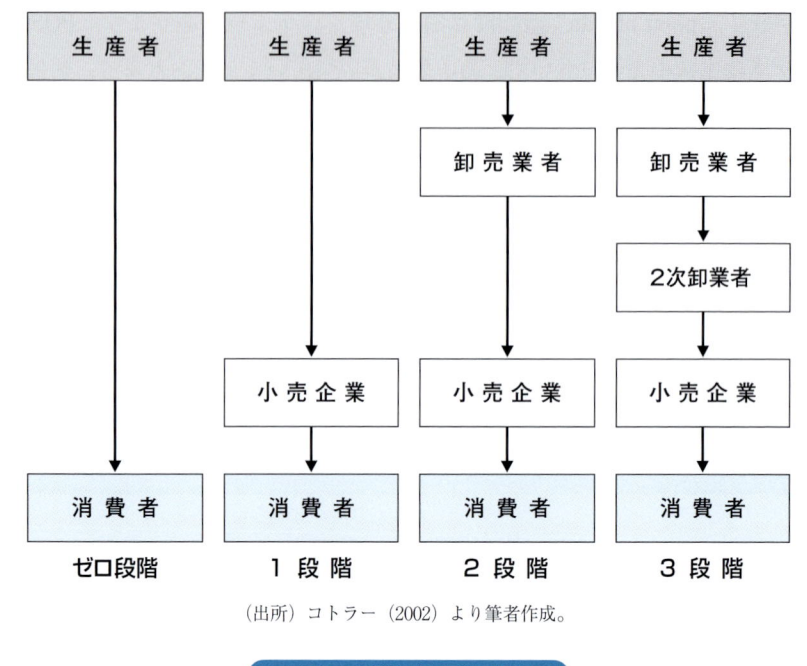

```
生産者          生産者          生産者          生産者
  │              │              │              │
  │              │              ▼              ▼
  │              │           卸売業者        卸売業者
  │              │              │              │
  │              │              │              ▼
  │              │              │           2次卸業者
  │              │              │              │
  │              ▼              ▼              ▼
  │           小売企業        小売企業        小売企業
  │              │              │              │
  ▼              ▼              ▼              ▼
消費者          消費者          消費者          消費者
ゼロ段階        1段階           2段階           3段階
```

（出所）コトラー（2002）より筆者作成。

図7.3　流通チャネルの階層

ルを採用するメーカーは製造・販売に関するすべてのリスクを自社で負います。こうしたリスクがある反面，販売が好調に推移すれば，中間業者にマージンを取られない分，利益が高くなります。また，消費者に対しても中間排除による低価格というメリットがあります。

〈②1段階チャネル（生産者→小売企業→消費者）〉

　1段階チャネルでは，生産者と消費者の間に流通業者である小売企業が入ります。この場合は小売企業が生産者に代わって商品を販売する役割を担います。家電メーカーが卸売業者などを通さずに大手家電量販店に自社製品を直接卸して販売してもらう，といった流通形態はこうした1段階チャネルに

相当します。

1段階モデルは，生産者と小売企業の間の中間流通業者を省くモデルです。このモデルでは中間コストを低減できるため，販売する小売企業はコスト優位性を得ることが可能です。大手スーパーマーケットはその販売力を武器に，生産者であるメーカーとの直接取引を拡大しています。この小売企業側の販売力の増大によって，第4章で学んだファイブフォース・モデルの「買い手の交渉力」が高まる傾向にあります。

〈③2段階チャネル（生産者→卸売業者→小売企業→消費者）〉

2段階チャネルでは，生産者から消費者に商品が提供される間に，卸売業者と小売企業という2つの流通業者が入ります。1段階チャネルを採用する生産者が多い欧米諸国と異なり，日本では多くの生産者がこの2段階流通チャネルを採用しています。

最近は，大手スーパーマーケットを中心に1段階チャネルの採用が進んでいるため，卸売業者も単なる中間業者としての役割ばかりでは生き残れなくなってきています。高度な物流機能の強化をはかるとともに，買い手である小売企業を支援する提案を行うなど営業強化が求められています。

〈④3段階チャネル（生産者→卸売業者→2次卸売業者→小売企業→消費者）〉

3段階チャネルでは，生産者から消費者に商品が提供される間に卸売業者，2次卸売業者，小売企業という3つの流通業者が入ります。このように流通チャネルが多層化されると，生産者は少ない取引数で多くの消費者に商品を供給することが可能です。

たとえば，はじめに生産者が10社の卸売業者を通して商品を提供し，さらにその後，卸売業者が10社の2次卸売業者を通し，2次卸売業者もそれぞれ10社の小売店に商品に流通させていく場合を考えてみましょう。最終的に10×10×10＝1,000か所の小売店で商品が販売されることになります。

このように多層化することで，生産者は少ない取引でも販売箇所を増やす

と同時に在庫管理の煩わしさを最小限に抑えることができます。しかし，各中間流通業者がマージンをとるため，コストは上積みされます。よって，流通チャネルが多層化すればするほど最終消費者に販売する際の価格が高くなるというマイナス面があります。

7.3 流通チャネル政策

　これまでみてきたように，流通経路はいくつかの種類にタイプ分けすることができます。では，生産者であるメーカー企業はどのような流通チャネル政策を採用すればよいのでしょうか。流通チャネル政策は，開放的チャネル政策，選択的チャネル政策，排他的チャネル政策の3つに大別されます。

〈①開放的チャネル政策〉

　開放的チャネル政策（intensive distribution）は，自社製品をより多くの店舗で取り扱ってもらうために，できるだけ多くの流通チャネルの利用を目指すチャネル政策です。この政策では，販売経路を限定しないため，結果的に自社製品が広い範囲の消費者に行きわたり，最終的には販売機会の増大が期待できます。

　このチャネル政策は食品や日用雑貨品など最寄品の流通に多くみられるもので，消費者の購買頻度の高さに適合するようにできるだけ多くの小売店に配荷し，結果的に卸売業者も多く用います。

　しかし，製品を販売する場所が増えるということは，それぞれの小売の現場での販売方法などを細かくチェックすることが難しくなることを意味しています。また，取り扱う小売企業の増加は，流通チャネルの中間地点において多くの在庫を抱え込むリスクが増大することを意味します。さらに，販売が低迷した場合は，多量の不良在庫が発生する危険性があります。在庫処分

などで商品が安値で販売されることによってブランド・イメージを崩さないように，開放の度合いを適度なレベルにとどめることが必要です。

〈②選択的チャネル政策〉

　選択的チャネル政策（selective distribution）は，特定の小売企業だけに自社製品の販売権を与える流通政策です。選択的チャネルでは販売チャネルが限られるため，メーカーが商品の販売方法などをコントロールしやすいという利点があります。また，在庫管理の面でも，多くの販売チャネルをもつ開放的チャネル政策と比べて，在庫は少なくて済みます。したがって，相対的に不良在庫を多く抱えるリスクは少なくなります。

　一方，選択的チャネル政策では販売チャネルが限定されるため，販売機会が減るというデメリットがあります。このような点を考えると，選択的チャネル政策はブランド力が強い商品や，高度な差別化がなされている場合には有効ですが，そうでない場合には適切な政策とはいえません。

〈③排他的チャネル政策〉

　排他的チャネル政策（exclusive distribution）は，独占的に自社製品を卸していく流通チャネル政策です。この政策の採用例としては，自動車などの専門品や，高級ファッション・ブランドなどが挙げられます。この政策ではブランド・イメージの維持や消費者への高サービスの必要性から小売店を限定します。小売店へのコントロール力は，3つの政策のうちもっとも強いといえます。

　排他的チャネル政策では，販売店が扱っている商品のアイテム数は相対的に多くありません。そのために，販売員は商品に関する知識を蓄積しやすく，豊富な知識に基づいた接客が可能となります。このため，高価格な自動車などの耐久消費財には，排他的チャネル政策が有効です。

　この政策では他社製品の併売がない専売制をとります。メーカーは系列店（自動車ならば系列ディーラー）に対して販売奨励金などの名目で優遇策を

とることによって，関係の維持に努めます。メーカーがこうした行動をとる背景には，一定の販売が見込みやすく，売れ残りのリスクを抑えることができるという点があります。

しかしながら，現在はメーカー側も経営の負担となる優遇策や販売チャネルの再構築などの見直しに着手せざるをえなくなってきています。また，家電業界では，競合企業との競争の激化や，大型量販店の台頭により，排他的チャネル施策を見直し，販売量の圧倒的に多い大型量販店を重視するようになりつつあります。

7.4 チャネル組織の類型

本章のここまでの議論は，伝統的マーケティング・チャネルを前提としたものでした。伝統的マーケティング・チャネルでは，製品が生産者から卸売業者，小売企業へと流れ，最終使用者である消費者に提供されます。この場合，生産者は，生産するだけに留まり，卸売業者は流通における中間業者としての役割のみを果たしています。また，小売企業は，消費者に対しての販売のみを請け負います。このように，生産者，卸売業者，小売企業が，それぞれの役割のみを担い，機能分担が明確にされているのが，伝統的マーケティング・チャネルの特徴です。

流通チャネルの組織構造は，大きくは「伝統的マーケティング・チャネル」と「垂直的マーケティング・チャネル」とに分かれます。ここからはもうひとつのチャネル組織である垂直的マーケティング・チャネルについて学んでいきます。

◯ 垂直的マーケティング・チャネル

　垂直的マーケティング・チャネルでは，生産者と卸売業者，小売企業が一体となって，商品の生産から販売に至るまでのチャネル業務を遂行します。つまり，このチャネル構造では，商流，物流，情報流の側面において，全体的あるいは部分的に，製造と販売の統合が行われているのです。

　このチャネルを生産者，卸売業者，小売企業を構成員とする1つの組織，あるいはシステムととらえたものを，垂直的マーケティング・システム（Vertical Marketing System；VMS）と呼びます。このシステムでは各構成員が共通の利益を追求する形で相互に協力しあい，統一化された1つのシステムとして行動します（図7.4）。

　垂直的マーケティング・システムは企業型VMS，契約型VMS，管理型

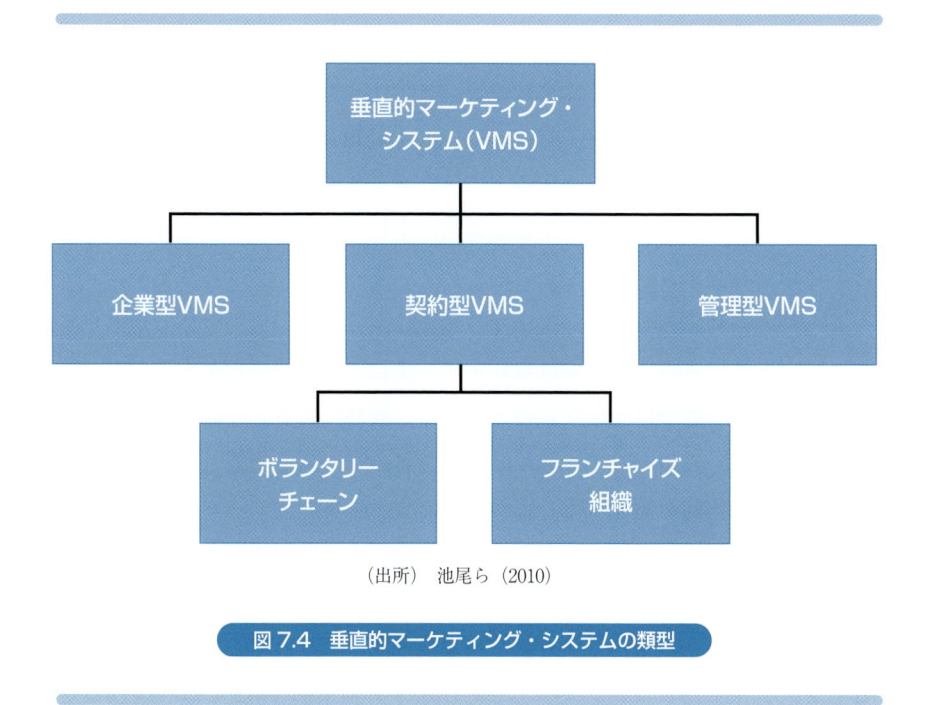

（出所）　池尾ら（2010）

図7.4　垂直的マーケティング・システムの類型

VMSの３類型に分類できます。以下，順にみていきましょう。

〈①企業型VMS〉

　企業型VMSとは，製造から販売までのすべてのプロセスを単一資本で統合されている組織取引で行うシステムです。製造と販売を担っている会社が別企業の形式をとっている場合でも，何らかの形で組織間に資本関係が存在していることが普通です。

　また，企業型VMSは，生産者であるメーカー企業がその傘下に流通機能を担う小売流通部門をもつ，あるいは小売企業が自社ブランドを製造するために商品企画・開発機能をもつ，といった事例があてはまります。こうして製造される小売企業の独自のブランドはストア・ブランドまたはプライベート・ブランド（private brand）と呼ばれます。たとえばイオンの場合，トップバリュというプライベート・ブランドをもっています。グループ会社のイオントップバリュが商品の企画・設計段階から製造委託先の選定・商品仕様の決定・製造管理・販売までを行っています。一方，メーカー企業の生産するブランドはナショナル・ブランド（national brand）と呼ばれます。ストア・ブランドは一般にナショナル・ブランドより低価格な場合が多いです。また，メーカー企業がその傘下に流通機能を担う小売流通部門をもつ具体例としては，自動車メーカーとその系列ディーラー企業が挙げられます。

　この形態の利点としては，生産から販売に至るまでの活動全体で効率化し，コストを低減できることが挙げられます。また，伝統的マーケティング・チャネルではメーカーは生産するのみなので，最終消費者との直接的な接点は少ないですが，この方式であれば最終消費者のニーズを把握し，それに応じて迅速に生産体制を調整することが可能です。

　また，伝統的マーケティング・チャネルでは生産者対卸売業者，卸売業者対小売企業の間で利益が相反する場合あり，対立が生じることもありえます。このように，チャネル内で構成員が利益の分配などをめぐって生じる衝突のことを，チャネル・コンフリクトと呼びます。企業間VMSでは各構成員が

スムーズに協同することが可能であり、チャネル・コンフリクトが起きにくいという利点があります。

〈②契約型VMS〉

契約型VMSとは、独立した企業同士が法的な契約条件のもとに、商品企画から卸売、小売にいたるまでのプロセスで、共通目標のもとに相互に関係を調整するシステムです。このシステムでは企業型VMSと異なり、システムを構成する企業間に資本関係が存在しないのが普通です。

企業型VMSはひとつの組織ですので、簡単に拡大することはできません。一方、契約型VMSの場合、契約に基づいてスピーディにチャネル組織を拡大することができます。コンビニエンス・ストアやファストフードのチェーンが店舗を次々とオープンさせ、店舗数を短期間で飛躍的に増加させることができる理由のひとつは、この契約型VMSです。しかし、企業型VMSと比較すると一体感がないので、フランチャイズの加盟店を管理・統制するのが難しいという短所があります。

契約型VMSは、さらにボランタリー・チェーンとフランチャイズ組織に分類できます。ボランタリー・チェーン（Voluntary Chain；VC）とは主に中小の小売企業が大手小売店に対抗するために加盟契約を結んだVMSの一形態です。VCでは仕入れの共同化や、商品管理、販売戦略、物流などを含む活動を互いに協力しあいます。VCには組織の中心となる本部が置かれますが、本部と加盟する小売企業の関係は緩やかなもので、各小売企業の独立性が維持されます。企業型VMSでは構成員の間に資本関係がありましたが、ボランタリー・チェーンにおいては基本的に本部と各店舗の間に資本関係は存在しません。

また、VCの利点は、共同仕入れなどによるコスト低減と、共同PB開発などの商品力の向上です。中小小売企業の場合、単独で大手に対抗することは困難です。このため、VCに加盟して協力しあって仕入れや販促を実施するのが狙いです。

フランチャイズ組織または**フランチャイズ・チェーン**（Franchise Chain；FC）とは，フランチャイザーと呼ばれる本部とフランチャイジーと呼ばれる加盟店が，一定の契約のもとに活動する販売組織です。多くのコンビニエンス・ストアやファストフード企業がこの形式を採用しています。フランチャイズ・チェーンでは，原則として，本部と加盟店との間に資本関係は存在しません。

たとえばある酒屋の店主が売上の伸び悩みと客足の落ち込みに悩んでいるとします。現状の店舗や立地を活かした新しい可能性のひとつは，大手コンビニエンス・ストアなどのフランチャイズ・チェーンに加盟することです。

FCの魅力は，ブランド力と，そこから生まれる顧客勧誘力です。フランチャイズの本部は，ブランド力（看板）とビジネス運営のノウハウ（知識・技術）を最大限に生かして，加盟店が上手に店舗を運営していくことを支援してくれます。

加盟店は，通常自前で店舗開設資金を準備します。そのうえで，看板とノウハウの見返りに売上高や利益額に対して一定のロイヤルティを本部に対して納めるのです。

〈③管理型 VMS〉

管理型 VMS とは，制度的にみて独立している各企業が，強力なブランド力と高度な情報システムをもつリーダー的な企業を中心に，製造，卸売，小売が組織的に統合されているシステムです。これは，特約店・代理店といった制度が代表的な例と考えられています。

事例としてはアスクルが考えられます。アスクルはオフィスに文房具など必要なモノやサービスを「明日お届けする」，トータル・オフィス・サポートサービスの会社です。アスクルの場合，アスクル・エージェントと呼ばれる全国約1,500社の文房具店がアスクル取扱販売店として機能します。アスクル・エージェントが地域に根づいた信用や外商営業力を活用し，新規顧客様獲得のためチラシ配布や訪問などの営業活動と，顧客から代金回収を担当

します。それ以外の機能である受注から配送，カタログ制作，問合わせなどの顧客サポートをアスクルで行います。

一方，商品の仕入れに関して「マーケティングパートナーシップ」という考え方を採用し，顧客の購買に関する情報を，アスクルに製品を供給するメーカーや商社などのサプライヤーと共有することで，商品開発・改良から価格設定までを協力して進めています。

管理型VMSは企業型VMSと異なり，通常は関係企業間の間に資本関係は存在していません。また，契約型VMSと異なり厳密な契約に基づいていません。3つのVMSの中ではもっとも市場取引に近い形態であるため，チャネル・リーダーのチャネル構成員に対する統率力は一般的に緩やかです。

7.5　小売企業の意思決定

流通チャネルの重要な一角を担う小売企業には，小売企業独自の重要な意思決定があります。これは，①立地の選択，②店舗の管理運営，③マーチャンダイジング（商品政策，品揃え），④価格づけ，⑤売り場づくり，⑥店頭プロモーション，の6つの領域に分かれ，小売ミックス（retail mix）と呼ばれます。

①の立地の選択は，どのような場所に出店するかについての意思決定です。これには商圏の分析が不可欠です。商圏とは，小売店舗やショッピング・センターなどの買い物施設に対して，顧客が買い物のために出向する可能性のある地域的広がりを指し，買い物施設を中心として半径何キロメートルという形で表現されます。顧客が高頻度で出向する広がりを1次商圏，それよりも低頻度で出向する広がりを2次商圏と呼びます。商圏は，その買い物施設の魅力度に加え，人口分布，地形，交通条件，競合施設の状況などによって規定されます。

②の店舗の管理運営は，企業としてどのような組織形態をとり，どのように社員を教育するか，という組織づくりの問題です。

③のマーチャンダイジングは，「品揃えの幅」と「品揃えの深さ」を決め，取り扱う商品アイテムと価格水準を決定することです。ここでいう「品揃えの幅」とは商品のバラエティの豊富さのことです。「品揃えの深さ」とは，同一製品のサイズや種類の豊富さを指します。

「品揃えの幅」は調味料を事例に考えると，塩，胡椒，酢，しょうゆといった基本的な調味料を扱うことにとどめるのか，ゆず胡椒，豆板醤といったものも取り扱うか，といった意思決定になります。「品揃えの深さ」とは，しょうゆという1つの製品で，どれくらいバラエティをもたせるかという問題です。ミニボトルや弁当に添付する使いきりサイズまで，さまざまなサイズで取り揃えるのは深い品揃えといえます。

④の価格づけについては，第6章の価格戦略で触れました。⑤の売り場づくりとは，客の動線や棚の配置，エスカレーターの配置などに関する意思決定です。また，店内のBGMやインテリアの色使い，店内の香りなども，消費者の購買行動に影響を与えるため，店内の環境づくりも重要な要素です。⑥の店頭プロモーションについては，第8章で詳しく触れます。

小売企業はここで挙げた6つの要因を管理して，消費者に選ばれる店づくりを目指しているのです。

7.6 まとめ

本章では，流通の基本として，流通チャネルの種類やその役割を学びました。日常生活において，消費者は小売企業で製品・サービスを接することになります。したがって，購入の場である流通の現場は，メーカー企業からすると消費者との間の重要な接点のひとつです。伝統的マーケティング・チャ

ネルの場合，この重要な接点ではメーカーは表に出ることはなく，流通企業が主役となります。このことは，製品・サービスのブランド・イメージの形成において，販売の現場である流通企業が重大な役割を担っていることを意味します。

製品・サービスを消費者の手元に届けるためには，流通チャネルの存在が不可欠です。そして，流通チャネルと一言でいっても，多様な階層や種類があり，それぞれ長所と短所があること，また，小売企業固有の意思決定の問題の概略を学びました。

演習問題

7.1　メーカー企業のウェブサイトを探し，オンライン・ショッピングのページをみてみましょう。同一製品の小売企業のウェブサイトと比較して，直販（ゼロ段階チャネル）の長所と短所を考えてみましょう。

7.2　小売企業のプライベート・ブランドの事例を探し，ナショナル・ブランドとの相違点を考えてみましょう。

第8章

プロモーション戦略

　「製品・サービスが存在する」ということと、「製品・サービスが存在することを認識される」ということは別問題です。つまり、どんなに魅力的な製品・サービスを開発し、適切な価格を設定し、流通チャネルを確保していたとしても、そのことを消費者が知らなければ、その製品・サービスは存在しないに等しいのです。

　では、どうしたら消費者は製品・サービスを知ってくれるのでしょうか。そして、存在を認識するだけでなく、その製品・サービスに関心をもち、欲しいと思うようになるにはどうしたらよいのでしょうか。

　こうした問いに答えるうえで重要な役割を果たすのが、コミュニケーションです。ここでいうコミュニケーションとは、企業と消費者の間のコミュニケーションのことです。本章では、企業はどうやって消費者に話しかけるのか、話しかける方法や手段はどのようなものがあるのか、といったことにかかわるプロモーション戦略について学びます。

○ KEY WORDS ○

プロモーション，人的販売，広告，パブリシティ（広報），
SP，IMC，インターネット広告

8.1　マーケティングの4Pとプロモーション

　プロモーション（Promotion）とは，製品やサービスの存在を消費者に知らせ，興味を抱かせ，購入させるためのあらゆる活動のことです。第2章で学んだように，マーケティングを構成するのは，Product＝製品・サービス，Price＝価格，Place＝流通チャネル，Promotion＝広告／販売促進の4つの要素です。これを「マーケティングの4P」と称し，これらの要素を組み合わせて，企業はターゲット市場にアプローチしてきました。

　広告，セールス・プロモーション，人的販売，パブリシティの4要素は，4Pの中のプロモーション（Promotion）として整理することができます。その主な役割は，一言でいうと「コミュニケーション」です。ここで注意しなくてはいけないのは，製品のパッケージ（これはProductに分類されます）や，店舗のインテリア（これはPlaceに分類されます）も，ブランドに関する何らかのメッセージを送っていると考えられるということです。たとえば，パッケージや店舗も環境問題に対する考え方や，デザイン性に関するアピールを行うことはできます。こうした意味では企業活動のすべてがコミュニケーションであるともいえますが，本章では4Pの中で，プロモーション（Promotion）に焦点を絞って議論を進めていきます。

8.2　コミュニケーションの種類

　ここではまず，プロモーションの主たる役割であるコミュニケーションの種類について考えていきます。コミュニケーションは，人を通じて行う場合

の「人的コミュニケーション」と，人以外の媒体を通じて行う場合の「非人的コミュニケーション」とに大きく分けることができます。

〈人的コミュニケーション〉

人的コミュニケーションとは，人を通じて行うコミュニケーションです。人的コミュニケーションの代表例は，人的販売（personal selling）です。これは，販売員やセールスマンによって自社製品や自社についての情報を伝達し，販売を達成する方法です。典型的な例としては，自動車ディーラーのセールスマンや，化粧品メーカーの美容部員が挙げられます。

第10章では消費者行動や階層効果モデルを詳しく学びますが，人的販売は消費者行動の「購買」の段階において非常に有効であるといわれています。また，顧客との関係を築くうえでも重要です。その反面，顧客1件あたりのコストが高いという弱点もあります。

人的販売の担い手である販売員は，新たな顧客の開拓を主として行うオーダー・ゲッター（order getter），既存の取引関係の維持と強化を主として行うオーダー・テイカー（order taker），受注活動よりも顧客支援や販売支援を主として行うミッショナリー・セールスマン（missionary salesman）の3つに区別することができます。

〈非人的コミュニケーション〉

非人的コミュニケーションとは，人的な接触をすることなく行われるコミュニケーションのことです。この非人的コミュニケーションには，広告，パブリシティ，セールス・プロモーション（SP）が含まれます。以下の節でそれぞれの項目を学びます。

8.3 広告

広告とは

　広告とは，プロモーションの中で非人的媒体を使用して，大量に情報を伝達するための手段です。媒体はメディアと呼ばれることもあります。全米マーケティング協会（AMA）は，広告を

「メッセージの中で識別可能な営利企業や非営利組織または個人が特定のオーディエンスに対して製品，サービス，団体またはアイデアについて伝達または説得をするためにさまざまな媒体をとおして行う有料の非人的コミュニケーション」

として定義しています。これを分解して考えると，広告の要素としては第1に識別可能な広告主が存在します。これはメッセージの送り手です。広告主は企業であったり，団体であったりします。企業だけでなく，政党，慈善団体，地方自治体も広告主になることができます。

　第2の要素は特定のオーディエンスです。オーディエンスとは広告メッセージの受け手のことで，ターゲットを意味します。

　第3の要素は広告メッセージの対象です。AMAの定義では，製品，サービス，団体，アイデアがその対象になりえます。広告では製品・サービスだけでなく，たとえば「エコバッグの携帯」「投票」「分煙」といったアイデアも対象とするのです。

　第4の要素は有料の媒体です。代表的な媒体としてはマス4媒体のテレビ，新聞，雑誌，ラジオが挙げられます。最近はこれらにインターネットを加えてマス5媒体といわれることもあります。これらの媒体以外にも，さまざまな媒体があります。広告は企業が媒体のスペースや時間枠を購入し，広告メ

ッセージを掲載，放送することによってターゲットに伝達されます。広告業界，広告市場という言葉が存在し，広告代理店という業態が成立するのは，広告枠の購入が有料であるからです。また，民放のテレビ番組を消費者が無料で楽しむことができるのは，テレビ局がコマーシャル枠の販売による広告収入を得ているためです。

　最後の要素は広告主の目的（意図）です。製品・サービスを対象とした広告を例にとると，新製品の告知，競合他社からのブランド・スイッチ，優良顧客への感謝などさまざまな目的がありえます。上記のとおり，広告掲載は有料であり，広告活動は経済活動です。そして，広告には必ず目的があり，その達成度によって広告の効果が測定されるべきものなのです。

◯ 広告の種類

　広告は，何を消費者に訴えているかによって，いくつかの種類に分類することができます。製品広告とは，特定の製品・サービスについての広告を指します。私たち消費者がテレビや雑誌で見る広告の多くは特定の製品やサービスの特徴や差別化ポイントについて訴求しています。「訴求」とは広告用語で，広告の送り手が受け手に対して伝達し，説得しようと試みることを指します。

　特定の製品・サービスではなく，広告主である企業について訴求した広告は，企業広告と呼ばれます。これは，特定の製品・サービスの売上増大ではなく，自社に対するイメージや好意度を高めることを意図した広告です。製品広告と企業広告の境界はあいまいであり，実際に製品訴求と企業イメージ向上の意図が混在した広告も頻繁にみられます。

　前述の分類方法は広告の対象によって広告を分類していましたが，広告の方法によっても広告の種類を分類することができます。たとえば情報提供型広告とは，製品・サービスに関する情報について訴求する広告です。こうした広告は新製品の導入期においてもっともよく利用され，主として需要の創造を目指しています。製品の新規性が高い場合，便益や使用方法などを啓蒙

することが重要であるからです。

　自社ブランドがいかに品質面やコスト面で優れているかについて訴えた広告は，説得型広告と呼ばれます。この手法は競争の激しい市場においてよく利用されます。これは，自社の製品・サービスに対する需要を生み出し，ブランド選好を確立し，自社ブランドへのブランド・スイッチを促進し，購入を説得することを目的とした広告です。

　リマインダー型広告とは，自社ブランドを忘れさせないようにすることを意図した広告です。この手法は製品ライフサイクルの成熟段階にある製品にとって重要な手法です。この種類の広告は，すでに構築されているブランド・ロイヤルティや自社ブランドに対する好意的な態度維持したい場合に有効です。

　比較広告とは，自社ブランドと競合ブランドとを直接的あるいは間接的に比較した広告です。欧米の事例としては，ペプシが実施した対コカ・コーラの比較広告や，マイクロソフトと比較したアップルの広告などが挙げられます。こうした広告は，消費者の反感を引き起こし，かえってマイナスに影響する場合があります。とくに日本においては，この手法を用いる場合は競争相手のブランドを明示しない間接的な比較広告が中心となります。

○ 広 告 媒 体

　すべての広告は，広告媒体を通じて視聴者に届きます。広告媒体とは，メッセージを対象者に到達させる伝達手段のことです。媒体（media）というときには，新聞やテレビなどの一般的な手段を意味するのに対して，ビークル（vehicle）というときには，「朝日新聞」や「フジテレビ」のように媒体における特定の銘柄を意味します。

　消費者に広告メッセージを届けるためには，メッセージを載せる広告媒体が必要となります。広告媒体というとマス4媒体が思い浮かぶと思いますが，実はそれ以外にも多くの媒体が広告媒体となりえます。

表 8.1　広告媒体の種類と広告費

媒体	広告費（億円） 2017年	2018年	2019年	構成比(%)
総広告費	63,907	65,300	69,381	100
マスコミ四媒体広告費	27,938	27,026	26,094	37.6
新聞	5,147	4,784	4,547	6.6
雑誌	2,023	1,841	1,675	2.4
ラジオ	1,290	1,278	1,260	1.8
テレビメディア	19,478	19,123	18,612	26.8
地上波テレビ	18,178	17,848	17,345	25
衛星メディア関連	1,300	1,275	1,267	1.8
インターネット広告費	15,094	17,589	21,048	30.3
インターネット広告媒体費		14,480	16,630	24.0
うちマス四媒体由来のデジタル広告費		582	715	1
新聞デジタル		132	146	0.2
雑誌デジタル		337	405	0.6
ラジオデジタル		8	10	0
テレビメディアデジタル		105	154	0.2
テレビメディア関連動画広告		101	150	0.2
インターネット広告制作費		3,109	3,354	4.8
物販系ECプラットフォーム広告費			1,064	1.5
プロモーションメディア広告費	20,875	20,685	22,239	32.1
屋外	3,208	3,199	3,219	4.6
交通	2,002	2,025	2,062	3
折込	4,170	3,911	3,559	5.1
DM（ダイレクト・メール）	3,701	3,678	3,642	5.3
フリーペーパー・電話帳	2,430	2,287	2,110	3.1
POP	1,975	2,000	1,970	2.8
イベント・展示・映像ほか	3,389	3,585	5,677	8.2

（注）　2019年の総広告費は，「日本の広告費」における「物販系ECプラットフォーム広告費」（1,064億円）と「イベント」（1,803億円）を追加推定した。前年同様の推定方法では，6兆6,514億円（前年比101.9%）となる。
（出所）　電通「2019年 日本の広告費」(https://www.dentsu.co.jp/knowledge/ad_cost/2019/media.html) 一部改変。

表8.1に主な広告媒体の種類と広告費を掲載しましたが，ここに掲載されている以外にもトイレの鏡，トイレットペーパー，マンホール，空，砂浜など，ターゲットの行動範囲にあるもので，対象となる製品・サービスと整合性があれば（そして法的な問題をクリアしていれば），どのようなものでも広告媒体となりえます。砂浜をビルボードのように使用する広告はビーチ

表8.2 主要な広告媒体の特徴

媒体	長所	短所
テレビ	・広いカバレッジ ・映像と音声による柔軟な表現力 ・広告露出あたりのコストが低い ・親しみやすさ ・反復性が高い	・広告料金が高い ・セグメントしにくい ・メッセージが短命
新聞	・広いカバレッジ ・信頼性が高い ・反復性が高い ・詳細情報の提供が可能	・視覚のみによる訴求 ・メッセージが短命
雑誌	・セグメント可能 ・保存可能 ・高品質なカラー印刷 ・詳細情報の提供が可能	・視覚のみによる訴求 ・到達範囲が狭い
ラジオ	・低コスト ・セグメントが可能	・音声のみによる訴求 ・メッセージが短命
屋外	・高い反復率 ・高い注目率	・特定の場所に限定 ・情報量が少ない
ダイレクト・メール	・対象者の絞り込みが可能 ・情報量が多い	・接触あたりのコストが高い
インターネット	・双方向性がある ・消費者が能動的に接触 ・つぎのアクションへのスムーズな誘導が可能	・メッセージが短命

スタンプ広告と呼ばれ，メッセージの掘り込まれたゴム製のマットをローラーに巻いて，清掃トラクターで引きずっていくことで，砂浜に広告メッセージを刻んでいくという仕組みです。また，ある広告主は飛行雲で某スポーツドリンクの製品名を描き，空を広告媒体として実際に使用しました。マス媒体に限らず，消費者と企業の間の接点のことを，コンタクト・ポイント（contact point），タッチポイント（touch point）と呼びます。

前述のとおり，こうした広告媒体は有料であり，広告スペースの売買市場

が形成されています。2010年現在，日本の広告市場は約6兆円であり，そのうち約50%がマス4媒体によって占められています。各広告媒体にはそれぞれ特徴があり，強みがあります。広告キャンペーンを実施する際には，ターゲットに対して，最適なメディアを選択し，それらを組み合わせることが重要です。このように，効果的かつ効率的に広告メッセージを伝えるために媒体を選択し，その組合せを決定することをメディア・ミックスと呼びます。表8.2に主な広告媒体の特徴を挙げました。

8.4 パブリシティ

パブリシティ（広報）とは，媒体を対象に製品・サービス自体やそれに関する情報を取り上げてもらうことを意図して，積極的に働きかける活動のことです。具体的には企業などの情報発信者が新商品や新技術など自社内のニュースを報道機関に提供し，記事や番組で取り上げてもらいます。パブリシティには無料のものと有料のものがあります。前者はノン・ペイド・パブリシティ（non-paid publicity）と呼ばれ，対価の支払いなしに行われる活動です。フリー・パブリシティ，無料パブとも呼ばれます。後者はペイド・パブリシティ（paid-publicity）と呼ばれ，媒体社などに対価を支払って行われる活動で，有料パブと略されることもあります。

ノン・ペイド・パブリシティには以下の特徴があります。

1. **掲載の意思決定が媒体側にある**

    企業は情報を媒体者に提供することはできますが，どの情報をどの分量でどのように掲載するかについての意思決定は通常することができません。

2. **無料である**

    広告はすべて有料ですが，パブリシティの場合，ペイド・パブリシティ

以外は無料です。無料であるために，細かい部分で企業側に意思決定権がないともいえます。

3. 客観性が高く受け手が信頼しやすい

上記2からも明らかなように，消費者に向けて発信される情報は，企業から消費者に直接送られるのではなく，第三者である媒体社のフィルターを通過しています。このため，情報の客観性と信頼性が高いと考えられます。

広報活動の手法のひとつに，「イベント」があります。広報担当者は，記者会見，展示会，見学会などを行うことにより，自社の新商品を理解してもらい，会社そのものに対する好意的な態度を抱いてもらうように働きかけます。

パブリシティ活動の結果，新製品情報やイベント情報は新聞や雑誌に掲載されます。媒体での露出を増大させるために，有名人をイベントに招待するという手法がしばしばとられます。

8.5　セールス・プロモーション（SP）

セールス・プロモーション（sales promotion）は，多くの場合SP（エスピー）と略されます。コトラー&アームストロング（2001）によると，SPとは「製品やサービスの購入および販売を促進するための短期的な動機づけ」です。また，ブラットバーグ&ネスリン（1990）は「SPとは，行動に焦点が当てられたマーケティング手段であり，その目的は顧客の行動に直接的な影響を与えることである」と定義しています。

では，SPは広告とどのように違うのでしょうか。広告は製品やサービスの認知を拡大し，好意的な態度を形成します。その結果として行動（購買）を促します。広告は主に消費者の「認知」や「関心」に働きかけ，結果的に検索や購買がなされます。これは，間接的かつ長期的に売上増大を目指す手

表 8.3　SP の分類

分類	メーカーによる消費者向けプロモーション	メーカーによる流通業者向けプロモーション	小売業者による消費者向けプロモーション
価格訴求型	・キャッシュバック ・クーポン ・増量パック ・バンドリング	・アローワンス（協賛金，販促金） ・特別出荷（増量，値引き）	・値引き ・クーポン ・バンドリング
情報提供型	・ダイレクト・メール	・トレードショー	・チラシ ・店頭 POP ・特別陳列
体験提供型	・サンプリング ・モニタリング	・サンプリング	・デモンストレーション
インセンティブ提供型	・オープン懸賞 ・クローズド懸賞 ・プレミアム（景品） ・コンテスト ・セルフ・リキデーション ・フリクエンシー・プログラム	・コンテスト ・販売助成	・スタンプ ・フリクエンシー・プログラム ・スピードくじ

（出所）　上田・守口（2004）より筆者作成。

法と考えられます。一方，SP は上記定義によると直接的かつ短期的に購買を促進させる手法です。

　SP は，そのプロモーションを実施する主体（メーカーか小売か）と対象（消費者か流通業者か）によって表 8.3 のように分類することができます。表 8.3 の各列は，それぞれメーカーによる消費者向けプロモーション，メーカーによる流通業者向けプロモーション，小売業者による消費者向けプロモーションをあらわします。各行はプロモーションの目的をあらわしています。SP の目的は，大きく分けて①価格訴求，②情報提供，③体験の提供，④購買のインセンティブ提供，の 4 つに分けられます。

〈①価格訴求型 SP〉

　これは、価格を低下させるか、価格あたりの分量を増大させることによって、直接的かつ短期的に売上の増大を目指すプロモーション手法です。消費者向けプロモーションのキャッシュバックやクーポンは、消費者の支払負担を低下させます。

　クーポンとは、ある製品に対して一定額の値引きを約束した証書のことです。クーポンを持参し、対象となっている製品を購入すれば、クーポンに記載されている金額の値引きを受けることができる仕組みです。価格の引き下げではないので、クーポンをもっていない消費者は値引きを受けることができません。このクーポンは、新聞、折込チラシ、雑誌などに刷り込まれており、メーカーや小売業者によって配布されています。また最近では、携帯電話を使って配信されたり、インターネット上のウェブサイト内に掲載されていることもあります。また、増量パックは製品の内容量を増加させることによって結果的に値引きとなる手法です。バンドリング（bundling）は個々の商品をセットにして包装し、割安感を与えて販売する方法です。

　価格訴求型 SP は短期的に売上を増大させるには有効ですが、長期的にはブランド・イメージを傷つけるリスクがあります。また、ここで挙げた消費者向けプロモーション手法は、表 8.3 にあるように増量パック以外はメーカーだけでなく小売業者が実施することも可能です。

　流通業者向けプロモーションの代表例は、アローワンスと特別出荷が挙げられます。アローワンス（allowance）は協賛金、販促金とも呼ばれ、特定製品の店頭キャンペーンを実施する際に、企業が流通業者に支払う金銭的見返りを指します。これは、販売促進を目的に特売する際の値下げ分を補填するための資金であり、リベートとは区別されます（リベートの詳細は第 6 章参照）。特別出荷とはメーカーが流通に出荷する際の納入金額や納入量において優遇することです。

〈② 情報提供型 SP〉

　これは，消費者や流通業者に製品・サービスの詳細な情報を提供することによって購買促進や売上拡大を目指すプロモーション手法です。

　対消費者の事例としてはダイレクト・メール（DM）が，対流通業者の事例としてはトレードショーが挙げられます。トレードショー（trade show）とは製品・サービスの関連業者を集めて開催する商品見本市のことです。企業はこうした見本市のブースや展示スペースを買い取り，製品・サービスを紹介し，場合によってはその場で商談を行います。

　小売業者が対消費者に行う情報提供型 SP の例としては，チラシ，店頭POP，特別陳列等が挙げられます。特別陳列とはスーパーマーケット等で，店内の目立つ場所に特定の製品を大量に陳列させる手法です。製品の売上は店頭での陳列場所や陳列方法に大きく影響されることが知られています。

〈③ 体験提供型 SP〉

　これは，製品・サービスを実際に使用してもらい，その後の購買を促すプロモーション手法です。

　このうち，サンプリング（sampling）は消費者に試供品（サンプル）を配布する手法です。試供品は街頭で配布される場合もありますし，各家庭へ郵送されることもあります。この手法は，広告だけでは競争製品との違いを訴えにくい製品や，実際に利用することで便益を理解できる製品などにおいて，よく用いられます。

　また，モニタリング（monitoring）とは消費者の中でモニターを募り，モニターに製品・サービスを継続利用してもらい，使用上の改善点などのフィードバックをもらう仕組みです。サンプリングと異なり，この手法では試供品を提供するだけでなく，消費者の声を収集し，今後の改善に結びつけることができます。

　デモンストレーションとは食品や料理器具でしばしば用いられる手法で，製品を実際に調理し，試食してもらうことによって購買を促進する手法です。

⟨④インセンティブ提供型 SP⟩

インセンティブ（incentive）とは，ある行動への刺激や動機づけを意味します。マーケティングの場合は，購買行動への刺激を意味します。消費者向けプロモーションの事例としては，懸賞があります。オープン懸賞とは購入者・非購入者の区別なく応募できる懸賞であり，クローズド懸賞とは対象製品を購入した消費者が，購入の証明（製品に添付されたシールや QR コードなど）を集めて応募するものです。同じ懸賞でも，オープン懸賞とクローズド懸賞では目的が異なります。前者はどちらかというと製品名や企業名の認知，イメージ向上を目的としているのに対し，後者は購買やリピート購買を目的としています。

プレミアム（premium）とはいわゆる「おまけ」のことです。プレミアムは，製品パッケージの内側に封入されている場合（インパック，例：チョコレートのパッケージ内のおまけシール），パッケージの外側に添付されている場合（オンパック，例：ペットボトルに添付された携帯ストラップ），製品とは切り離して提供される場合（オフパック）があります。スポーツ観戦チケットや無償サービスなどもプレミアムの例に含まれます。なお，プレミアムの中でとくに企業や製品のブランド名が入った実用品（カレンダー，T シャツ，マグカップなど）のことをノベルティ（novelty）と呼びます。こうしたノベルティはブランド・イメージと関連づけることが容易で，単なる値引きやキャッシュバックといった価格訴求型 SP と異なり，ブランド・イメージを低下させるリスクは低いといえます。

コンテスト（contest）はあるテーマで消費者からの応募を募り，優秀な作品に対して何らかのインセンティブを行うものです。コンテストの具体例としては川柳，写真などが挙げられます。この手法はどちらかというと直接的な購買を促すことではなく，製品や企業の認知を高め，ブランドを身近に感じてもらうことを目的としています。一方，流通向けに実施されるコンテストの例としては，ディスプレイ・コンテストが挙げられます。企業は自社製品のディスプレイの写真を小売企業の店舗に対して募り，効果的なディス

プレイを行った小売や店舗を表彰し，賞金や賞品を提供します。こうした試みによって企業は自社製品の棚を目立つ場所に確保し，消費者が製品を手に取る機会を増大させることができます。

　セルフ・リキデーション（self liquidation；自己精算式）とは，消費者が一定額以上の商品を購入し，さらに一定の金額を支払えば必ずプレミアムを入手できる仕組みのことです。懸賞の場合はしばしば抽選が行われますが，セルフ・リキデーションの場合は条件を満たせば必ずグッズを入手できるという特徴があります。たとえばある清涼飲料水のキャンペーンの場合，製品についている応募券5枚に加えて現金4,500円を負担することで，人気映画キャラクターのボトルキャップ・コレクションをもれなく入手することが可能である，などです。セルフ・リキデーションは対象となるプレミアムをどうしても欲しいファンが存在するような場合に有効です。

　フリクエンシー・プログラム（frequency program）の"frequency"とは「頻度」と訳され，この場合は購買頻度を指します。このプログラムは，購買頻度の高いリピーターを対象とし，優遇するプログラムです。2：8の法則によれば，売上の80%は20%の優良顧客によってもたらされるといいます。フリクエンシー・プログラムは，こうした優良顧客に働きかけ，売上を増大させることを目的としたプロモーションです。フリクエンシー・プログラムを実施するのはメーカー企業に限りません。たとえば，小売企業もスタンプやフリクエンシー・プログラムを導入し，自らの店舗が選ばれるように工夫しています。

　近年，マーケティング・ミックスの中で，SPに対する期待が高まっています。この背景には，ニーズの多様化で市場が細分化された点が挙げられます。大量生産・大量販売時代にはマス広告が大きな威力を発揮しました。しかし，細分化された市場では，メッセージが効率的に行きわたらず，コスト・パフォーマンスも悪くなります。そこで，ターゲットに対して購買地点においてピンポイントで働きかけるSPが注目を集めるようになりました。

一方で，短期的な売上の増大のみを狙ったSP施策が目立つようになってきています。目先の売上を目的とした短期視点でのSPは，ブランド・イメージを傷つけるという意見も根強くあります。SPの実施にあたっては，売上の増大とブランド・イメージの維持の両立を心がける必要があります。

8.6 統合型マーケティング・コミュニケーション（IMC）

これまで，人的販売，広告，パブリシティ（広報），SPなど，プロモーションの個々の要素を概観してきました。これらの要素は別々に実施されるものではなく，統合して実施されて，はじめてその効果が最大限になるものです。

統合型マーケティング・コミュニケーション（Integrated Marketing Communication；IMC）とは，こうした考え方から生まれた概念です。これは，広告・PR・SPなどそれぞれのマーケティング・コミュニケーション手段を1つの複合体としてとらえ，消費者の視点からコミュニケーションの全体を再構築する活動のことです。

IMCの提唱者であるシュルツ（Schultz, Don E.）は，IMCを

「広告，直接反応広告，販売促進，PRなどのさまざまなコミュニケーション方法の戦略的役割を評価し，それらを組み合わせることにより，（メッセージの）明確さと一貫性および最大限の効果を実現するための，包括的コミュニケーション計画の付加価値を認識したマーケティング・コミュニケーション計画立案の概念である」

と定義しています。IMCとは消費者の立場からコミュニケーションを再構築することで，①メッセージが一貫していること，②マスメディアに依存せず，消費者と企業の間の多様な接点（コンタクト・ポイント）を活用するこ

と，③認知や態度などの心理的反応だけでなく，購買などの行動的反応を重視すること，などの特徴があります。

8.7 インターネットと広告

◯ インターネット広告とは

インターネットの利用者と利用時間が増大するにつれて，インターネット広告という手法が生まれました。インターネット広告とは，インタラクティブ（双方向）かつ高度なターゲティングが可能な広告手法のことです。特徴としては，ハイパーリンクによって，広告視聴の「直接的」な延長として視聴者による資料請求，アンケート回答，購買等のアクションがなされることが挙げられます。

2019年度のインターネット広告費（インターネット広告媒体費（マスコミ四媒体由来のデジタル広告費を含む），インターネット広告制作費，新設項目の「日本の広告費」における「物販系ECプラットフォーム広告費」の合計）は，2兆1,048億円（前年比119.7%）でした（図8.1）。そのうち，インターネット広告媒体費1兆6,630億円（同114.8%），インターネット広告制作費3,354億円（同107.9%），物販系ECプラットフォーム広告費」1,064億円（2019年新設のため前年の数値なし）です。

インターネット広告費は成長を続けており，2004年にマス4媒体の一角であるラジオ広告費を抜き，2006年には雑誌広告費を，2009年には新聞広告費を抜き去りました。インターネット広告費は2019年にはついにテレビ広告費を抜き，はじめて2兆円を超え，ナンバーワンメディアとなりました。日本の広告市場に占める比率は2020年現在で約30%であり，今後も拡大していくと考えられます。

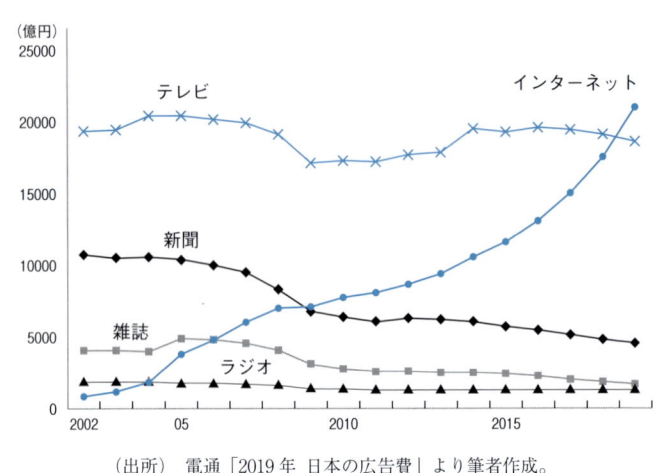

(出所) 電通「2019年 日本の広告費」より筆者作成。

図8.1 広告媒体の市場規模の推移

　インターネット広告と一口にいっても，さまざまな種類があります。以下，具体的な手法を詳しくみていきましょう。

〈ウェブ広告〉
　ウェブ広告はウェブページ上に掲載される広告で，他にもインターネット広告，ネット広告，オンライン広告，デジタル広告など，様々な呼ばれ方をします。ここではウェブ広告という語で統一します。ウェブ広告は，形状や配信方法，課金方法などが異なる様々な種類があります。2020年現在，インターネット広告媒体費はディスプレイ広告と検索連動型広告の2種類で全体の約7割を占められています。

　① ディスプレイ広告　ディスプレイ広告とはWebサイトやアプリにある広告スペースに表示される動画，画像，もしくはテキストのみの広告を指します。テキストのみの広告はテキスト広告，動画，画像などの場合はバナー広告と呼ばれます。

テキスト広告とは、ウェブページ上にテキスト（文字）で表現される広告のことです。たとえばYahoo！などのポータルサイトの、「天気・災害」のページをクリックするとページの上部などに、企業名とリンク、簡単な説明が掲載されていることがありますが、それがテキスト広告です。テキスト部分をユーザーにクリックしてもらうことで、企業サイト内の指定のページに誘導することを目的としています。テキスト表示の見え方は後述の検索連動型広告と似ていますが、広告掲載の行われ方が異なることに留意が必要です。

バナー広告とは、Web上に表示される旗（バナー）型の小さな画像や動画が表示される広告のことです。登場当初は技術の制約のため小さな画像が表示されるのみでしたが、技術レベルの向上により動画など高い表現力が期待できるようになりました。バナー広告よりもスペースが小さく、形状が正方形に近いものは「バッジ広告」と呼ばれています。表示スペースが限られているため、特定のカテゴリーの掲載面に社名やブランド名を常時掲載させておきたいという広告ニーズに向いています。

このようなディスプレイ広告は、後述の検索連動型広告とは異なり、キーワードを検索したユーザーに表示させるものではなく、出稿媒体、地域、使用デバイス、年齢などによってターゲティングを行い、広告を表示させます。したがって、ターゲティングによって広告を露出させたいターゲットを広告主がコントロール可能であることが特徴といえます。

ディスプレイ広告の取引手法は、予約型と運用型に大別されます。予約型の場合、広告主が事前に掲載ページやターゲティングなどを設定し、広告掲載を「予約」します。この方法は従来の新聞広告や雑誌広告の取引方法と同様に、広告枠を事前に決定したサイズ、フォーマット、掲載場所、期間で購入し、広告を掲載します。

一方、運用型の場合は、ECサイトなら購買（コンバージョン）、動画サイトなら動画再生など、広告によって達成したいユーザーの行動を最大化させるように、リアルタイムで入札額や広告素材等を変更・改善していきながら「運用」していきます。運用型広告のほとんどが広告の掲載にオークショ

8.7 インターネットと広告

ン形式を採用しています。消費者の利用しているデバイス（PC，スマートフォンなど）の広告枠がオークションにかけられていて，その広告枠にたいしてリアルタイムに入札が行われ，落札した広告主の広告が表示されます。一連のプロセスはほぼ自動化されています。

② 検索連動型広告　　検索連動型広告とは，検索サイトで特定の語を検索すると，その検索結果画面に広告がテキスト形式で表示され，ユーザーがクリックすることで初めて課金される仕組みの広告です。他にもリスティング広告，サーチワード広告，キーワード広告，など様々な呼び方がなされます。通常の広告の場合，広告主は広告掲載スペースを購入するのに対し，この場合は「語」を購入します。たとえば，自動車メーカーであれば，「自動車」「ドライブ」「燃費」などの語が購入対象になります。この広告手法の利点としては，自社製品やその製品カテゴリーに関心のある消費者だけを自社ウェブサイトに誘導できることが挙げられます。検索エンジンを利用して自社ウェブサイトに誘導するこのマーケティング活動は，SEM（Search Engine Marketing）とも呼ばれます。

　検索連動型広告はキーワードを検索したユーザーへ出稿するため，前述のディスプレイ広告のように，細かいターゲティング設定を行うことができません。ユーザーが関心を示して広告をクリックした場合にのみ広告主に対して広告料金が発生します。クリックした場合に発生する単価をクリック単価と呼びます。検索結果に表示されただけでは費用は発生しません。

　広告主は，関心のある「語」が検索された場合のクリック単価を最大いくらまで支払うという形で「入札」を行い，同様に入札した企業によりオークションが実施されます。オークションの結果，何位に広告を表示するか（もしくは広告をしないか）が決定されます。

〈その他のインターネット広告〉

　① メール広告　　電子メールを使って送信される，テキスト（文字）や画像で表現される広告です。媒体社などから発行されるメールマガジンの中

に広告文が挿入されるメールマガジン型と，基本的に全文が広告になっているDM（ダイレクト・メール）型に分けることができます。

② ネイティブ広告　検索結果や記事一覧などに自然な形で挿入される広告です。デザイン，コンテンツ，フォーマットが媒体社によって編集される記事と同様であり，一体化して見えるため，広告がコンテンツに溶け込んで表示されるのが特徴です。消費者に広告を見てもらいやすくなる半面，記事だと思って読んでいたものが広告だったことを知った場合の失望感や，それによるメディアへの不信感が生まれる場合があるので，注意が必要です。

③ 動画広告　YouTubeなどの動画サイトで，動画を閲覧する際に，選択した動画の間に配信される広告です。ユーザーが数秒間の視聴後にスキップできる場合と，スキップできない場合があります。動画サイトの広がりと，ユーチューバーの人気の高まりに伴い，近年拡大している手法です。

④ ソーシャル広告　フェイスブック，ツイッター，インスタグラムなどのソーシャルメディア上で展開される広告です。SNS広告と呼ばれる場合もあります。ソーシャルメディアが普及し，消費者の利用時間の増大に伴い，2020年現在ではネット広告の約30%を占めるまでに成長しました。

◯ インターネット広告の効果

インターネット広告には，インプレッション効果，トラフィック効果，レスポンス効果の3つの効果があります。

インプレッション効果は，伝統的な広告と同様に，露出による広告視聴の効果，クリエイティブを見せることの効果を指します。インプレッション効果には広告インパクト効果，ブランディング効果，態度変容効果などの種類があります。インターネット広告の初期においては，テキスト広告は文字情報しか表示できず，バナー広告は小さなスペースで単純な画像しか表示できませんでした。こうした時代においては，テレビや雑誌のような表現力は期待できず，大きな広告効果は想定できませんでした。しかし，技術の向上に

よってインターネット広告は高度な表現力を獲得し，それによってインプレッション効果が高まっています。

広告インパクト効果とは広告の純粋想起，認知，好意，理解といった側面に関する効果です（こうした広告の効果については，第10章10.5節の階層効果モデルで詳しく学びます）。これは広告クリエイティブに関する効果と考えられます。また，**ブランディング効果**とは，広告対象となる製品・ブランドの純粋想起，認知，好意，理解，興味，イメージなどに表れる効果です。**態度変容効果**とは，広告のクリック意向，ウェブサイト訪問意向，ブランド情報取得意向，ブランド購入意向など，消費者の態度変容に関する効果を意味しています。

これまで説明した効果は，インターネットに限定された効果ではありません。インターネット以外の伝統的な広告手法にも共通する効果です。インターネットに特化した効果としては，トラフィック効果とレスポンス効果があります。

トラフィック効果とは，**消費者を広告主の指定サイトに誘導する効果**のことです。ここでいう誘導効果とは，広告をクリックして企業サイトに誘導される効果（ポストクリック効果），広告接触直後ではないけれど後になって企業サイトに誘導された効果（ポストインプレッション効果）の2つを含みます。広告に接触した直後にクリックして企業サイトにアクセスする時間や余裕がない場合でも，後にURLをキーボードで直接打ち込んだり，企業名や製品名を検索することによって，広告を掲載した企業サイトを訪問する場合があります。こうした効果も広告効果として含めているのです。

レスポンス効果とは，**広告主が期待する一定の消費者のアクションに結びつける効果**のことです。そのため，「アクション効果」と呼ばれることもあります。ここでいうアクションとは，アンケートの回答，懸賞への応募，会員登録，購買など多岐にわたります。広告視聴の直接的な延長線上にこうしたアクションがあるのが，インターネット広告の大きな特徴です。

◯ インターネット広告と伝統的広告との違い

　インターネット広告は，これまでの広告とはさまざまな側面で異なります。表8.4はこれまでの伝統的広告とインターネット広告の違いがまとめられています。

　これまでの広告媒体は，プッシュ型でした。たとえばテレビコマーシャルは消費者が見たいかどうかにかかわらず，テレビ画面に流れます。しかし，たとえばDM型メール広告は広告を受け取りたいかどうかは消費者の意思で決定することができます。こうした意味で，前者はともすれば企業から押しつけられるという意味でプッシュ型，後者は消費者が自ら引き寄せるという意味でプル型と位置づけることができます。

　コミュニケーションの特徴としては，既存の広告媒体が一方向型であることはいうまでもありません。一方，インターネットはマウスオーバーする，クリックするなど消費者によるアクションが可能であるため，双方向型といえます。

　また，既存媒体の広告の場合，消費者は受動的に視聴していましたが，インターネット広告の場合は，自らアクセスし，クリックするなど能動的に広

表8.4　インターネット広告の特徴

	伝統的広告	インターネット広告
メディアとしての特徴	プッシュ型	プル型
コミュニケーションの性質	一方向型	双方向型
顧客の情報に対する関与度	低い	高い

告視聴をします。そうした意味で，消費者の関与度が高いといえます。

○ CGMの登場と発信する消費者

インターネットは双方向のコミュニケーションを可能にする技術です。しかし，企業ホームページやDM型メール広告を例にとって考えてみると，メッセージが企業から消費者に向かっているという意味では一方向のコミュニケーションでした。メッセージの作成・提供を行うのは企業であり，消費者は受信者です。

しかし，近年Web2.0という言葉が登場し，ブログ，SNS（ソーシャル・ネットワーキング・サービス）といった新たなコミュニケーション・ツールが生まれると，消費者から企業，消費者から別の消費者へと情報を発信することが容易になりました。つまり，多対多の双方向コミュニケーションが可能となったのです。

ブログやSNSなどに代表される，インターネットなどを活用して消費者が内容を生成していくメディアを，CGM（Consumer Generated Media）と呼びます。以下，主なCGMの事例を挙げます。

1．電子掲示板

「5ちゃんねる」などに代表されるような，トピックごとスレッド（掲示板）が立てられ，消費者が質問や意見を寄せあい交流するサイトです。匿名で書き込まれることが多いため，信頼性が低い書き込みも見受けられます。

2．比較サイト

「価格.com」「@cosme」など，消費者が製品・サービスを購入する際に参考となる情報，クチコミが集積されているサイトです。製品ごとに情報が掲載されているため，特定の製品・サービスに関心があり，購入しようとしている消費者や，購入後に使用方法について知りたい消費者などが

効率よく情報を収集できます。中立的な第三者の意見であるため，ネガティブな情報も含まれます。価格や製品属性などを比較する場合にも有益です。

3．ブログ

ブログとはウェブログ（weblog）の略で，個人の日記やメモをネット上で作成するための簡易ウェブサイトのことです。ブログをもっている消費者のことをブロガーと呼びます。ブログの内容はニュースや好きなスポーツ，ダイエット，日々の雑感など，さまざまです。「Ameba」などのブログ作成サービスを活用すると，特別な知識や技術がなくても，ブログを立ち上げることができます。そのため，これまで情報発信の手段をもたなかった消費者が，自らの消費行動や意見を発信するようになりました。

4．SNS（Social Networking Service）

フェイスブックなどに代表されるコミュニティ型のウェブサイトです。友人・知人間のコミュニケーションを円滑にしたり，趣味や嗜好などをきっかけとした新たな人間関係を構築したりする場を提供しています。多くの場合，プロフィール機能，ユーザー検索機能，日記（ブログ）機能，コミュニティ機能，ユーザー間のメッセージ送受信機能などを備えています。

5．ソーシャルブックマーク

ブックマークとは，書籍の「しおり」に似た機能で，何度も訪れるウェブサイトのアドレス（URL）を記録しておく機能のことです。ブックマークは「お気に入り」と呼ばれることもあります。ソーシャルブックマークとは，このお気に入りを他者と共有する機能のことで，代表例としては「はてなブックマーク」が挙げられます。これにより，他の人が興味をもったページを閲覧したり，自分が見つけた面白いページを他の人に伝えたりすることができます。また，キーワードやタグを使って，特定のジャンルに絞った情報を検索することも可能です。

6．動画投稿サイト

「YouTube」「ニコニコ動画」に代表される動画投稿サイトです。ユーザーが作成した動画を簡単にアップロードすることができ，インターネット

上で公開できるサービスです。消費者は動画をランクづけによって評価したり，動画に対してコメントをつけたりすることができます。また，動画をまとめたプレイリストを作成し，公開することも可能です。

7．ミニブログ

「ツイッター（Twitter）」などに代表される，ウェブ上のサービスです。自分が今していることなど，短い文章をアップロードすることができます。通常，ミニブログはブログ，インスタントメッセンジャー，SNS，チャットなどの複数の機能を有しています。

これまでみてきたように，ブログやSNSといったCGMの登場により，消費者が自らの消費経験を発信し，不特定多数の他者に影響を及ぼすことが可能になりました。このことは，対人影響の規模が飛躍的に拡大されたことを意味しています。

他者の意見（クチコミ）が購買行動に影響を及ぼすというのは，とりたてて新しい現象ではありません。消費者が購買を行う際に，周囲の友人や家族の影響を受けるのは以前から指摘されてきました。しかし，インターネットが登場する前の対人影響には，物理的・地理的制約が存在しました。消費者が遠く離れた場所の別の消費者の意見を知ることは簡単ではなく，一度に大量の意見を収集することも困難でした。また，情報の送り手からみると，多くの消費者にメッセージを送る情報発信コストは非常に高いものでした。インターネットの登場は，この物理的・地理的障壁を取り去ったといってよいでしょう。

このクチコミという消費者行動において，すべての消費者は平等ではありません。消費者の中には他者よりも影響力のあるクチコミ情報を創造し，それをより多くの消費者に広めることができる「キーパーソン」が存在します。こうしたことから，実務と研究の両方でクチコミとそのキーパーソンについての関心が高まっています。

◯ インターネットとクロスメディア

　インターネットが登場し，新しいメディアやプロモーション手法が数多く生まれたことによって，クロスメディア（cross-media）という概念が登場しました。クロスメディアとは，一言でいうとインターネットを組み込んだ広告戦略のことです。クロスメディア型のキャンペーンに注目が集まる背景には，ブロードバンドの普及による消費者のメディア接触行動の変化が挙げられます。インターネットの利用時間が増えたため，媒体としてのインターネットが無視できない存在になっているのです。

　8.3節で学んだメディア・ミックスの本質はテレビ・ラジオ・新聞・雑誌・交通広告などのメディアをどのように組み合わせ，無駄なく，より多くの消費者に広告メッセージを到達せるか，という点にあります。つまり，できるだけ重複を避けて，あるメディアで到達できない部分は，他のメディアで補完しようという考え方です。

　メディア・ミックスが足し算・引き算だとすると，クロスメディアは掛け算です。重複をなくしてできるだけ多くの消費者に広告を露出することよりも，テレビ×ウェブ，屋外広告×モバイルというように消費者の生活導線上にある媒体を掛け合わせ，消費者になんらかの具体的行動を促すことを目的としています。

　また，クロスメディアの重要な狙いのひとつは，自社のウェブサイトに消費者を呼び込むことです。自社サイトが果たしうる役割については，すでに述べました。広告キャンペーンのゴールとして，ウェブサイトを訪問してもらい，そこで購買や申込みなどの広告主が期待するアクションを促すのです。こうした目的を達成するために，すでに紹介したインターネット広告の手法や，CGM，既存媒体などを有機的に組み合わせることが広告主と広告会社に求められています。

　①広告キャンペーンのカギとしてインターネットやモバイルを用いること，②広告露出だけでなく，その後のアクションを重視していること，③どちら

かの媒体予算を増やすとどちらかを減らす，というゼロサム的な発想ではなく，特徴が異なる媒体を掛け合わせることのシナジーにより高い効果を生みだすことを目指すこと，などがクロスメディアの特徴です。

8.8 まとめ

　本章では，企業が消費者とコミュニケーションをとるためのプロモーション手法を学びました。プロモーションには人的販売，広告，パブリシティ（広報），SP などがありますが，これらの手法は個別に実施されるべきものではなく，統合して一貫したメッセージを送ることの重要性が指摘されています。

　インターネットが登場したことによって，消費者を取り巻くメディア環境と消費者の行動が大きく変わってきています。本章では，インターネットを含めたプロモーション手法の新展開についても学びました。

演習問題

8.1　最近自分で購入した製品・サービスを1つ取り上げ，どのようなプロモーションが行われていたか調べてみましょう。

8.2　クロスメディアの広告キャンペーンを探してください。マス媒体，キャンペーンサイト，インターネット広告などをどのように組み合わせていますか。また，そのキャンペーンの目的は何ですか。

8.3　インターネットを用いたマーケティング手法の悪い面に目を向け，どのような問題点があるか考えてみましょう。

# 第 9 章

ブランド戦略

　スーパーマーケットやコンビニエンス・ストアでは，数多くの製品が売られています。そうした中で，小売店の棚からすぐ消えてしまう製品と，「ポカリスエット」や「キットカット」のような長く愛される製品との差はなぜ，どのように生じるのでしょうか。このことにヒントを与えてくれるのが，「ブランド」です。

　本章では，ブランドとは何かを学んだうえで，ブランドを開発し，育成する戦略について学びます。

○ KEY WORDS ○
ブランド，ブランド要素，ブランド・エクイティ，
ブランド・アイデンティティ，ブランド管理

9.1 ブランドとは

コトラーは，著書の中で「プロのマーケターにもっとも特有のスキルは，おそらくブランドを創造し，維持し，守り，向上させていく能力だろう」と記しています（コトラー，2002）。このことは，ブランドがマーケティングを形づくる要素の中でもっとも重要な要素のひとつであることを意味しています。

それではブランドとは何でしょうか。全米マーケティング協会（AMA）は，ブランド（brand）を

「ある売り手あるいは売り手の集団の製品およびサービスを識別し，競合他社の製品およびサービスと差別化することを意図した名称，言葉，シンボル，パッケージ・デザイン，あるいはその組み合わせ」

と定義しています。

この定義では製品やサービスを識別する手段自体がブランドととらえられており，パッケージ・デザインなどの「手段」と「客体」としての製品の関係が不明瞭です。こうした批判から，ケラー（Keller, Kevin L.）は名称，ロゴ，シンボル，キャラクター，パッケージ，スローガンなどを「ブランド要素」（後述）と呼び，これらのブランド要素を手段として差別化する行為を「ブランド化」と定義しています。そして，ブランド化された結果としての製品を「ブランド」と呼んでいます（Keller, 1998）。ケラーの定義を読むと，すべての製品・サービスははじめからブランドなのではなく，ブランド化によってブランドになることがわかります。

片平は，ある製品がブランドと呼べるかどうかの判定基準として，①圧倒的な存在感，②ほかでは味わえない独自の世界観，の2つを挙げています（片平，1999）。存在感とは，そのブランドの名前が顧客の頭の中に深く刻ま

れているかどうかです。世界観とは，具体的な情景や文脈のことです。たとえば「マクドナルド」というブランド名を聞くと，店員の笑顔やポテトの香り，フレンドリーでカジュアルな雰囲気が思い浮かぶと思います。これが世界観です。製品であっても製品名が認識されていない，あるいは製品名が認識されていても何のイメージも浮かばない製品は，たとえ機能性が高くても，ブランドとはいえないということになります。

「製品をつくる」ということと「ブランドをつくる」ということは，企業にとって別問題です。ここで前者を製品開発，後者をブランド開発と呼び，違いを考えてみましょう。

製品開発（product development）とは，技術力をベースにした「モノの開発」です。製品開発においてはどのような機能の製品を，どのような品質でつくり，結果的にどれだけの市場シェアを獲得するかが重要となります。

それに対し，ブランド開発（brand development）とは「モノの開発」ではなく「意味の開発」です。これは，モノへの意味づけといいかえることができます。そして，意味を付加するということは，価値をつけるということなので，ブランドづくりとは一言でいうと付加価値をつくることなのです。つまり開発されたモノを，使用場面や使用から得られる便益と関連づけ，どれだけ消費者の心をつかむかが重要になります。便益（benefit）とは製品・サービスの属性に消費者が付与する価値や意味のことです。つまり，製品・サービスの属性から派生する価値と考えてください。

こうして考えると，意味の開発では市場シェアよりも，むしろ第4章4.4節で述べたマインドシェアの獲得が重要なのです。そして，マインドシェアは売上や利益といった成果につながります。

意味や価値が消費者に理解されないような製品は，いかに先進的な技術によって裏打ちされ，優れた機能・品質の製品であっても，マインドシェアを獲得できず，市場において高い評価を得ることができません。つまり，「良いモノ＝強いブランド」となるとは限らないので，強いブランドを構築するためには，そのブランドの意味や価値を伝えるコミュニケーションが非常に

重要となります。

「良いモノ=強いブランド」ではないことは,故障が多く,価格が高くても熱狂的なファンがいる高級輸入車や,チームが弱く,順位が低くてもファンが存在するスポーツチームなどの事例からも明らかです。

○ ブランド要素とは

ブランド名,ロゴ,キャラクター,スローガン,ジングル,パッケージといった製品の識別・差別化に役立つ情報はブランド要素と呼ばれます。こうしたブランド要素はブランドとの違いを訴え,自社製品の魅力を伝える有効な手段なのです。日常生活で目にする製品の名前,シンボル,パッケージ・デザインを思い浮かべてください。それらは他社製品とは差別化する世界観を消費者に伝えているはずです。

それでは,新しくブランドをつくる際に,どのような選択基準でブランド要素を決定すればよいのでしょうか。それには,つぎの5つの選択基準があります(図9.1)。

第1に,記憶可能性です。店頭でブランドを見かけたときに,「あ,あのブランドだな」と認識できるかどうか(再認しやすさ),あるいは,店頭での視覚的情報といったヒントなしでブランド名を挙げられるか(再生しやすさ)は,購入されるかどうかに大きな影響を及ぼします。

第2の選択基準は,意味性です。ブランド名やロゴ,シンボルなどが,楽しさを伝えられるか,興味を喚起できるか,機能や差別化ポイントを記述しているか,伝達したい世界観を説得できるか,などが重要です。また,そのブランド要素から豊かなイメージが膨らむかどうかということも,今後のマーケティングキャンペーンや新製品開発などに大きな意味をもちます。

第3の選択基準は,移転可能性です。あるブランドを活用してさらなる発展を望むとき,企業は同じブランド名を用いて同一カテゴリー内において新製品を発売する,あるいは,まったく新しい別カテゴリーで新製品を導入す

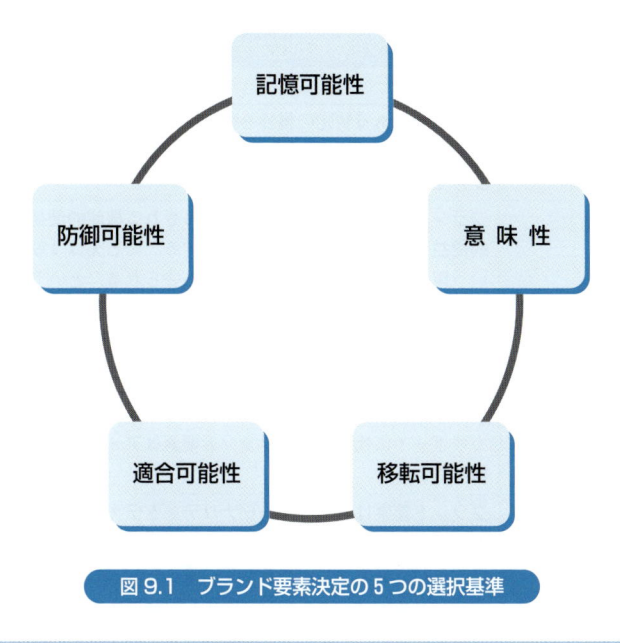

図9.1　ブランド要素決定の5つの選択基準

る，といったことを行い，成長を目指します。こうした場合に，新製品への展開のしやすさが重要な要素となります。また，地理的境界を越えた新市場の開拓を行う場合にも，移転可能性は重要です。たとえば，アジアや欧米といった新市場で発売する際に，そのブランド名が現地の言語や文化で不適切ではないかどうか，といったことの確認が必要となります。はじめから国際的なブランドになることを目指す場合は，国境を越えた移転可能性を考えてブランド名などのブランド要素を決定することが求められます。

　第4の選択基準は，適合可能性です。適合可能性とは変化に対応できる柔軟性や，更新可能性のことです。ブランドを取り巻く外部環境は，刻一刻と変化していきます。ブランド要素がブランドの開発当初は時代の空気と合致していても，時が経つと陳腐化することはよくあることです。こうした場合は，時代にあわせて少しずつブランド要素を変化（適合）させることが求め

表 9.1 ブランド要素が伝達する 6 つの要因

属　　性	ブランドはある特定の属性を連想させる。たとえばメルセデス・ベンツは「高級」「安全」「権威」といった属性をイメージさせる。
便　　益	ブランドの属性は、それからもたらされる機能的便益・情緒的便益を連想させ、消費者に伝達する。たとえば「安全」という属性は、万が一事故にあっても守られる、という機能的便益や、「家族を守る良い父であると思える」といった情緒的便益につながる。
価　　値	ブランド要素は、生産者の価値を物語る。
文　　化	ブランド要素は特定の文化を象徴する。たとえばマルボロのカウボーイに代表されるブランド要素はアメリカの文化を象徴している。
パーソナリティ	ブランド要素は特定のパーソナリティを伝えることができる。たとえばアップルコンピュータであればクリエイティブで個性的なパーソナリティをもっている。
使 用 者	ブランド要素は、その製品を購入し、使用する消費者のイメージを伝える。上記のアップルコンピュータにあてはめて考えると、若々しくてファッションに敏感なユーザーのイメージが浮かぶ。

られます。

　第 5 の選択基準は、防御可能性です。これは、他ブランドとの競争上防御できるかどうかということです。ブランドの名前やロゴなどは、商標法や意匠法によって法的な保護が期待されます。法的な保護が期待できない場合でも、簡単に他者から模倣されないような工夫をすることが重要です。

　ブランド要素は製品・サービスについてさまざまな情報を消費者に伝えます。コトラーは、ブランド要素が伝えうる製品の意味内容のレベルとして、①属性、②便益、③価値、④文化、⑤パーソナリティ、⑥使用者の 6 つを挙げています（コトラー，2002）。詳細を表 9.1 にまとめました。

9.2　ブランドの種類

　一口にブランドといっても，実はさまざまな種類があります。ここではブランドの種類を整理しましょう。

◯　売り手による分類

〈ナショナル・ブランド〉

　全国的に有名なメーカー企業のブランドは，ナショナル・ブランド（national brand）と呼ばれます。ナショナル・ブランドの多くは知名度が高く，大量生産され，マスメディアによる広告を行い，全国で販売されています。国内だけでなく，国際的規模となったものはインターナショナル・ブランドと呼びます。

〈プライベート・ブランド〉

　プライベート・ブランド（private brand）はPBとも略されます。これは，大手スーパーマーケットやコンビニエンス・ストアなどの流通業者がOEM（Original Equipment Manufacturing；相手先ブランド名製造）企業から製品の供給を受け，自らの責任と保証でつけるブランドのことです。実質的な機能優先の低価格商品が多いのが特徴です。

◯　企業内レベルによる分類

〈企業ブランド〉

　企業ブランドとは，「ソニー」「コカ・コーラ」「ネスレ」のように，企業の名前がブランド化しているものです。企業ブランドが強い場合は，企業ブ

ランドは個別ブランドに安心感や信頼感を付与するといわれています。この企業ブランドの効果を傘になぞらえてアンブレラ効果と呼びます。

〈事業ブランド〉

事業ブランドとは，事業にブランド名を付与したものです。仮にネスレのチョコレート事業部にブランド名が付与されていたら，それが事業ブランドです。

〈個別（独立）ブランド〉

個別（独立）ブランドとは，単一の製品をブランド化したものです。たとえば，「キットカット」は個別ブランドです。優れた個別ブランドは，企業ブランドの価値を高めることがあります。個別ブランドが企業ブランドにもたらすプラスの効果を，てこの作用と呼びます。

9.3 ブランドの機能

◯ 対企業向け機能

ブランドは，それを提供する企業に対しても，消費者に対してもある機能を果たします。まず，対企業向けの機能を考えてみましょう（図9.2）。

ブランドという言葉はもともと「焼き印をつけること」を意味する"burned"から派生した言葉です。焼き印は，牛などの家畜の所有者が自分の家畜を識別するためにつけていたのです。つまり，ブランドは当該製品を他の類似製品から識別する識別機能をもっています。

また，ブランドにはメーカー出所表示機能と，品質保証機能もあります。前者はブランドが製品をつくった企業の名前を明らかにするという機能です。

```
┌─────────────┐  ┌─────────────┐  ┌─────────────┐
│  識別機能   │  │  メーカー   │  │ 品質保証機能│
│             │  │ 出所表示機能│  │             │
└─────────────┘  └─────────────┘  └─────────────┘

┌─────────────┐  ┌─────────────┐  ┌─────────────┐
│ 宣伝広告機能│  │付加価値増進 │  │交渉力増進機能│
│             │  │   機能      │  │             │
└─────────────┘  └─────────────┘  └─────────────┘
```

図9.2　ブランドの機能（対企業）

後者はその企業によって提供されていることが約束する品質保証の機能です。メーカー出所表示機能は，法律的に所有権を主張し，偽物やコピー製品から自社製品を守るという意味ももっています。品質保証機能は買い手に安心感を与えるというメリットがあります。

　さらに，ブランドには製品・サービスの世界観を伝える宣伝広告機能もあります。前述のAMAの定義の後半には，「競合他社の製品およびサービスと差別化することを意図した名称，言葉，シンボル，パッケージ・デザイン，あるいはその組み合わせ」とあります。これは，まさにブランドの宣伝広告機能を説明しています。

　あるブランドに特別な価値を抱く消費者は，同じレベルの商品より価格が高くても，そのブランド品を購入します。つまり，そのブランドのロゴ・マークがついているかどうかで，何円まで支払うかという消費者の値ごろ感に大きな差が生じます。このことは，ブランドは付加価値の源泉であり，付加価値増進機能を担っていることを意味しています。

　さらに，ブランド力の高い製品をもつメーカーは，流通に対して高い交渉力をもつことができます。つまり，ブランド力をもつメーカーは，流通業者に対して優位に立てるのです。これは，ブランドが流通に対して交渉力増進

機能を担っていることを意味します。

対消費者向け機能

ブランドは企業にとって重要な機能を果たしますが，消費者に対しても多様な機能を果たします（図 9.3）。とくに，消費者の購買意思決定プロセスにおけるリスクやコストを低減します。消費者の購買意思決定プロセスについては，第 10 章で詳しく学びます。

〈知覚リスクの低減〉

ここからは対消費者向けの機能について考えていきます。消費者の購買には，さまざまな知覚リスクがともないます。

知覚リスク（perceived risk）とは，製品・サービスに関する消費者の主観に基づく不安のことです。知覚リスクには，機能的リスク，金銭的リスク，物理的リスク，社会的リスク，心理的リスクなどがあります。

機能的リスクとはその製品が期待どおりに機能するかどうかに関するリスクです。金銭的リスクとは，金銭面のリスクであり，たとえば高価格の製品

| 知覚リスク の低減 | 探索コスト の低減 | 情報処理コスト の低減 |
| 消費者 の自己表現 | 消費者のアイデンティティ形成 | カテゴリー知識 の形成 |

図 9.3　ブランドの機能（対消費者）

はこのリスクが高いといえます。物理的リスクとはたとえば薬や化粧品など，使用することによって人体への物理的な影響に関するリスクです。社会的リスクとはある製品・サービスを購入することが周囲から好意的に受け入れられるかどうかに関するリスクで，心理的リスクとは文字どおり精神・心理的なリスクのことです。

ブランドの「識別機能」や「品質保証機能」は，特定の購買状況における消費者の知覚リスクを低減させることができます。

〈探索コストの低減〉

消費者は上記に挙げた製品購買にともなうさまざまなリスクを低減するべく，関連する情報を探索・収集します。そして，この探索には金銭的・時間的・心理的なコストがともないます。対企業の役割で挙げたブランドの識別性は，消費者にとっては探索コストの低減に寄与します。

「識別機能」や「品質保証機能」は，特定の購買状況における消費者の知覚リスクの低減を通して，結果的に情報探索コストの低減，意思決定の迅速化，購買選択への確信度の増大をもたらします。そして，使用後の満足度の増大に寄与します。

たとえば，過去の購買・使用体験や名声・評判などによって，当該ブランドが信頼できると判断した場合，消費者はそれ以上に情報を収集しようとはせず，その時点で購買するブランドを決定することができます。

つまり，既知のブランド（評判の良いブランド）であることは，消費者側に信頼感を生み出し，それが結果的に不確実性の低減と，それにともなう情報処理の単純化をもたらすのです。

〈情報処理コストの低減〉

ブランドの「意味づけ・象徴機能」はブランド化される製品の属性，便益，価値などを消費者に伝達することにより，その情報処理コストの低減に寄与します。ブランド要素（ブランド名，ロゴタイプ，シンボルなど）が製品の

属性，便益，価値などが集約された形で消費者に伝達することは，すでに表9.1で触れました。

こうしたブランド要素から伝達されるメッセージにより，消費者の情報処理コストが低減されます。後に詳しく触れますが，新たなブランドに既存ブランドの名前をつける理由のひとつは，こうした効果を期待できる点にあります。

〈消費者の自己表現，消費者のアイデンティティの形成〉

あるブランドを購買・使用することは，消費者の自己表現やそのアイデンティティ形成にも寄与します。ブランドはある機能をもった単なる「モノ」ではなく，ある世界観をもっています。あるブランドをもつことは，「私はこういう価値観をもった人です」ということを表現することになるのです。

〈カテゴリー知識の形成〉

ブランドは，ある製品を他の類似製品から識別する機能をもっています。このことは，ある製品とその他の製品の同類性と差異性を認識するということです。このことは，あるカテゴリーに関する知識を形成することにつながります。

9.4　ブランド・エクイティ

これまで学んできたように，ブランドは企業に対しても消費者に対してもさまざまな役割を果たします。日本の企業がブランドに注目し，ブランドづくりを意識するようになったのは，1990年代半ばといわれています。ブランドが注目を集めるようになった背景には，ブランドがヒト・モノ・カネ・情報に次ぐ重要な経営資源であり，測定・管理するものだという考え方があ

ります。

　ブランドに関する要素を総合して企業の「資産」としてとらえる考え方をブランド・エクイティ（brand equity）といいます（図9.4）。アーカー（Aaker, David A.）に代表されるブランド・エクイティ論の主張は，以下の前提を基盤としています（アーカー，1994）。

① ブランドは無形資産である
② ブランドは金銭的評価が可能である
③ ブランドは管理により，その価値が増減する
④ 強力なブランドをもつことが企業のマーケティングにとって重要である

　ブランド・エクイティの考え方は，ブランドの要素を総合して企業の「資

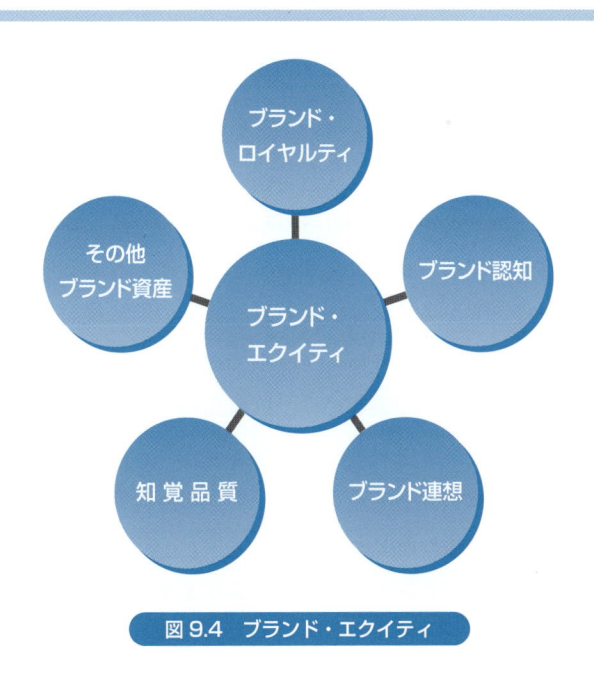

図9.4　ブランド・エクイティ

産」として考えるというものです。アーカーはブランドに関する要素としてブランド・ロイヤルティ、ブランド認知、ブランド連想、知覚品質、その他ブランド資産の5つを挙げました。以下、順番にその内容を説明します。

○ ブランド・ロイヤルティ

ブランド・ロイヤルティ（brand loyalty）とは、消費者が特定のブランドを愛用する度合いのことです。これはブランドへの忠誠（loyalty）であり、印税、著作権使用料などの"royalty"とは異なります。ブランド・ロイヤルティはブランドへの反復購買を増加させ、企業の安定性を向上させます。また、ブランド・ロイヤルティが高いと、既存顧客の引き留めにコストをかけなくてもすむため、全体的なコスト低減につながります。さらに、競合企業の広告宣伝費や新製品開発などの顧客獲得コストを増加させ、競合企業の力を弱めるという効果もあります。

○ ブランド認知

ブランド認知（brand awareness）には、当該ブランドを知っているかという認知の有無と、どれぐらいよく知っているかという認知の深さが含まれます。ブランド認知度が高ければ、購買意思決定の際に検討される可能性が高まります。

ブランド認知はブランド知識という上位概念の一部です。ブランド知識とは消費者の頭の中にあるブランドに関する知識のことです。消費者の頭の中に優れたブランド知識を構築することは、ブランドの資産価値（つまりブランド・エクイティ）を高めることを意味します。

ブランド認知には、ブランド認知の幅があります。ブランド認知の幅とはブランドが思い出される購買状況や使用状況の範囲を意味します。単にブランドを知っているという認知だけでなく、どのような購買状況でそのブラン

ドが思い浮かばれるかということが重要です。

○ ブランド連想

ブランド連想（brand associations）とは，ブランドについて考えたときに消費者の心に浮かぶイメージのことで，ブランド認知と同様に，ブランド知識の一部です。

ブランド連想は，好ましく，ユニークであることが求められます。好ましい連想とは，消費者が魅力的に感じ，なおかつコミュニケーション活動などを通じてより多くの消費者に伝達しやすい連想です。たとえば「安っぽい」と「リーズナブル」は両方とも低価格を意味する連想ですが，後者のほうが魅力的な連想といえます。ユニークな連想とは，競合にはない，当該ブランドだけが保有するブランド連想のことです。

好意的なイメージやライフスタイルなどがブランド連想として想起されれば，購入される確率が高まり，結果としてブランドの価値が高まります。

○ 知覚品質

知覚品質（perceived quality）とは，消費者が知覚する（感じる）製品・サービスの品質のことです。知覚品質は消費者が主観的に感じる品質なので，物理的・客観的な品質と異なる場合があります。知覚品質は購買意思決定やブランド・ロイヤルティに直接的に影響を与えます。また，高い知覚品質は高価格の維持を可能とします。

○ その他ブランド資産

上記以外にも，ブランド・エクイティを形成する要素として商標権，トレードマークといったブランド資産が挙げられます。

ブランドが法律的に保護されることで，ブランドの資産価値であるブランド・エクイティが保護され，高いレベルで維持される場合があります。

9.5 ブランド・アイデンティティ

ブランド・エクイティの議論は，結果としてのブランドの価値を高めることの重要性を説いたものでした。一方，強いブランドを実際に構築するにはどうしたらよいかという具体論・実践論に発展・移行したものが，ブランド・アイデンティティの議論です。

ブランド・アイデンティティ（brand identity）とは，ブランド戦略策定者が創造・維持したいと思うブランド連想のユニークな集合のことです。簡単にいうと，ブランドを消費者にどのように見てもらいたいか，ということです。ブランド・アイデンティティはブランド・エクイティの重要な要素のひとつである，ブランド連想を生みだすベースとなります。ブランド・アイデンティティはどのように知覚されたいか，という目標ないしは理想像で，その結果消費者の頭の中に生まれるのがブランド・エクイティの中のブランド連想です。

ブランド・アイデンティティ論では，ブランドが「便益（benefit）」を消費者に提供していると考えます。この便益には機能的便益，情緒的便益，自己表現的便益の3つがあります。

機能的便益（functional benefit）とは，形，容量，内容，機能などといった製品そのものから生まれる便益です。つまり，便利さや軽さ，大きさなど，機能面の価値のことです。

情緒的便益（emotional benefit）とは消費者が購入し，使用することによって得られる精神的・心理的便益を指します。これはブランドを象徴するものです。

自己表現的便益（self-expressive benefit）とは，消費者の自己表現の手段として用いられるような便益です。たとえばルイ・ヴィトンのバッグをもつことによって消費者が洗練された自分を証明していると考える場合，ルイ・ヴィトンというブランドは自己表現的便益をもっているといえます。ブランドは「企業が顧客に向けて送りだす価値の束」です。消費者はそれを自己に取り入れ，解釈し，自己表現を行う手段として用います。つまり，ブランドは自己表現作用を有しているために，顧客との間に長期的な関係を生みだすことを可能にしているのです。よってブランドのあるべき姿としては，企業の理想と消費者がブランドに対して望むことが一致し，なおかつそれが企業と消費者の関係の中に永続的に続く状態といえるでしょう。

　技術水準の向上により，現在消費財市場においては機能的便益で差別化をはかることが非常に困難になっています。それは，商品カテゴリー，商品，ブランドが提供する便益が均一化され，それが与える効用に大差が無くなってきていること，あるいは，たとえ差異が存在してもそれは消費者にとって意味のある差異ではなくなってしまっていることを意味しています。

　このように成熟した市場において，過当競争を勝ち抜き，利益を上げていくためには，ブランドのもつ情緒的便益を訴求することがもっとも有効です。それは差別化ポイントを打ちだすことが困難な現在において，大きな差異，すなわち「付加価値」をもたらし，消費者がその商品を選択し，購買する理由を与えるからです。

9.6　ブランドの管理方法

◯　基本戦略

　ここまで，ブランドを勉強するための基礎知識を学びました。ここからは

実際にブランドを育てる方法を考えましょう。第4章と同様に，あなたは飲料メーカーに就職して，お茶飲料のマーケティングを担当することになったとします。そして，お茶飲料の売上が伸び悩んでいるとします。この状況を打開するために，どのような選択肢があるか考えてみましょう。

〈①ブランド強化戦略〉

　もっとも単純な選択肢は，対象市場も対象ブランドも変更しない戦略，ブランド強化戦略です。従来の戦略の強化・延長であり，もっともリスクの少ない戦略といえます。お茶飲料であれば，市場やブランド名を変えることなく，最新のうまみ成分やセンスをブランドに取り入れ，消費者から支持されるブランドになることを目指します。

〈②ブランド・リポジショニング戦略〉

　ポジショニング（positioning）とは簡単にいうと位置づけのことです。リポジショニング（repositioning）とはふたたび位置づけすること，つまり位置づけのやり直しということです。第4章で学んだ外部環境は，刻一刻と変化するものです。設定当初は正しかったポジショニングも，時を経ると時代遅れになる場合があります。また，新規参入により新しい競合ブランドが現れて，これまでのポジショニングを奪われるといったこともあるでしょう。このようなことから，ブランド・リポジショニング戦略の必要性が生じます。

　仮に売上の伸び悩みの理由が，これまでの位置づけに問題があったためだとしましょう。そのような場合は，製品の原材料やパッケージなどを変更せずに，位置づけを再定義することによって成長する場合があります。たとえばこのお茶飲料は苦味が特徴であり，これまでは「大人のためのお茶」と位置づけていたとします。これをリポジショニングする場合，苦味から濃い，一番初めなどを連想して「朝のお茶」，苦いことをカテキンが豊富であることに関連づけて「ダイエットのお供」，苦いということは水っぽくないので「本格志向の贅沢なお茶」など，さまざまな方向性がありえます。

〈③ブランド変更戦略〉

①と②は既存製品の微調整でした。ブランド変更戦略は，ブランドをまったく新しいブランドへと変更する戦略です。仮に，売上の伸び悩みが致命的で，小さな軌道修正では現状を打開できない場合，既存のブランドの販売を中止し，まったく新しいブランドとしてお茶市場に再度チャレンジすることが可能です。この方法は過去に築き上げてきた知名度やロイヤル・ユーザーを放棄し，ふたたびゼロからのスタートになるため，大きなリスクがともないます。

○ 拡張戦略

さて，これまでの戦略が功を奏して，お茶飲料はトップセールスを誇る大きなブランドになったとします。社長は企業のさらなる成長のために，新たな計画を考えるようにあなたに依頼してきました。では，どのような拡張の方向性があるのでしょうか。ここからは拡張戦略を考えます。

〈製品ライン拡張戦略〉

ライン拡張（line extension）とは，個別ブランド名を変えずに，同じ製品カテゴリーの中で基本的性質や機能を変えた新製品を出すことです。具体的には，新しい風味，形，色，材料，包装サイズの種類を増やすといったアクションがあてはまります。

お茶の場合は，高級な茶葉を使った新製品を同じブランド名のもとで発売する，ファミリー用の大きなサイズの新製品を投入する，子ども用のカフェインを抑えた新製品を投入する，といったことが考えられます。

製品ライン拡張戦略という手法は，これまでとらえきれなかった消費者のニーズを満たすため，より多くの消費者にアピールできるという利点があります。また，既存製品のファンにはバラエティを提供することにもなります。

〈ブランド拡張戦略〉

　ブランド拡張戦略は，ある製品カテゴリーで成功したブランドを別の製品カテゴリーにおいても用いる戦略です。たとえば，シャンプーのブランドとしてはじまったブランドを，スキンケア市場へと拡張（brand extension）する戦略です。

　過去に築き上げてきたブランド力が利用できるので，この方法は新しいブランドで製品を新市場に投入するよりも，コストが小さくてすむという利点があります。

　一方で，その新製品が買い手の期待を裏切るものであった場合，既存ブランドに対する評価に傷がつく恐れがあります。また，ブランド拡張による製品の増加のために，ブランド全体のイメージの統一が困難になる場合があります。

〈マルチブランド戦略〉

　製品ライン拡張とブランド拡張は，既存のブランドを活用する戦略でした。これに対し，既存の製品カテゴリーの中に新しいブランドの製品を投入する戦略をマルチブランド戦略と呼びます。

　お茶飲料の例で考えると，既存製品が日本茶だとすると，紅茶やウーロン茶といった新しい製品を新しい個別ブランド名をつけて投入することによって，多様な消費者にアプローチすることができます。また，自社製品で流通業者のお茶飲料の棚スペースをより多く確保できるという利点があります。

9.7　パワーブランドの7つの法則

　すべての企業は強いブランドをつくり，維持することを目指します。では，強いブランドにはどのような特徴があるのでしょうか。小川（2001）は強い

ブランドには，共通の特徴があることを指摘し，パワーブランドの7つの法則を挙げています。

〈①一貫性と継続性〉

ブランドから発信するメッセージがぶれると，消費者の中でブランド・イメージが混乱してしまいます。強いブランドは，訴求するメッセージがテレビ，雑誌，新聞，ラジオ，屋外広告，インターネットなど，どの媒体を用いても発信するメッセージが一貫しています。また，時代を経てもそのメッセージは変わりません。

〈②独自のテーマ性〉

強いブランドはコンセプトが明確であり，独自のテーマ性をもっています。これは，前述の「ほかでは味わえない独自の世界」と同じ意味です。

〈③アイデンティティとパーソナリティ〉

強いブランドは，他のブランドと識別可能な強いアイデンティティとパーソナリティをもっています。また，人間と同じように個性をもっています。

〈④社会性と文化〉

ブランドが長く支持されるのは，社会性が高い，あるいは文化を創造していることとも関連があります。強いブランドは自己中心的に利潤を追求するのではなく，企業市民としてより良い社会を目指そうという視点をもっています。企業は機能の良い製品を提供さえすればよいわけではなく，環境問題や高齢化社会，世界の貧困問題などに対する企業姿勢も問われるようになっています。社会の一員として好かれ，尊敬される存在になるために，社会貢献や文化貢献も活発に行うことが，ブランドとして支持されることにつながります。

〈⑤変化対応〉

　強いブランドが強くあり続けるのは，外部環境の変化に対応しているからです。変化対応は先に挙げた「一貫性」と矛盾しているように思えるかもしれませんが，ブランドの哲学やアイデンティティは継続して守りつつ，時代のニーズにあわせて微調整することが長期にわたって強いブランドであり続ける条件です。

〈⑥豊かなブランド連想〉

　弱小ブランドを想像してください。ブランド名を挙げられても，消費者の頭の中には何のイメージも浮かばないはずです。強いブランドは，豊富なブランド連想をもっています。これは，確固たるコンセプトがあり，それを一貫して伝えているためです。

〈⑦イメージと品質のバランス〉

　強いブランドは，ブランド・イメージと品質のバランスがとれています。高級なイメージをもつブランドは，それに恥じない高品質を消費者に提供します。

9.8　まとめ

　本章で学んだとおり，ブランドを考えるうえで重要なのは，製品・サービスの物理的な機能よりも，むしろそれから派生する「意味」や「価値」です。つまり，ブランドづくりとは「モノづくり」ではなく「意味づくり」であり，付加価値をつくることなのです。

　本章ではブランドとは何かを学んだうえで，ブランドを開発し，育成する戦略について学びました。

演習問題

9.1 「アンブレラ効果」の高い企業ブランドと個別ブランドの組合せと,「てこの作用」が高い企業ブランドと個別ブランドの組合せをそれぞれ挙げてみましょう。

9.2 消費者から長く愛されている長寿ブランドを1つ取り上げ,どのカテゴリーであればブランド拡張が可能か検討してみましょう。

9.3 ブランドを1つ取り上げ,ブランド・アイデンティティの3つの便益を整理して挙げてみましょう。

第 III 部

マーケティングの道具箱

第 10 章　消費者行動とマーケティング
第 11 章　マーケティング・リサーチと
　　　　　市場データ分析

第 10 章

消費者行動とマーケティング

　製品やサービスが消費者から支持され，愛されるようになるためには，消費者の心の中で起きている変化プロセスを把握することが重要です。ある製品を認知してから購買されるまでにはどのような段階があるのでしょうか。広告に代表される企業が発信するメッセージは，消費者の中でどのように処理されるのでしょうか。

　本章では，まず消費者とは何かを把握したうえで，消費者の購買行動プロセスを学びます。さらに，広告に焦点を置いた階層効果モデルを学びます。

○ KEY WORDS ○
消費者行動，情報処理型モデル，
購買意思決定プロセス，階層効果モデル

10.1 消費者とは

◯ 消費者と顧客

　マーケティングの主役は消費者です。マーケティングの世界ではこの主役をあらわす言葉がたくさんあります。ターゲット，ユーザー，購買者，顧客などはその一例です。ここでは消費者行動を学ぶ前に，その主役である消費者の概念の定義を明確にします。

　消費者（consumer）とは，何かしらのニーズを感じ，購買を行う主体，あるいは購買を行ったうえで消費する主体のことです（Solomon, 2006）。この定義ではどんな人でも消費者といえそうです。一方，顧客（customer）とは，当該企業の製品・サービスを購入する主体のことです。たとえばトヨタ自動車からみると，すべての人は消費者ですが，一部のトヨタ製品を買った消費者のみが顧客といえます。

◯ 企業からみた「顧客」

　顧客といっても，さまざまな種類があります。消費者と企業の関係性の深さに着目してみましょう。まだ購入はしていないけれど，自社の製品やサービスを購入してくれる可能性がある消費者は潜在顧客（potential customer）と呼ばれます。たとえば，自動車メーカーからみて，すべての免許保有者は潜在顧客と位置づけられるでしょう。潜在顧客の中で，企業側からすでに何らかの接触がある消費者は見込み客（prospect）です。接触のルートとしては，広告や製品カタログといった販促物，販売員からの訪問，イベント参加，顧客リスト名簿などが挙げられます。一度だけでも製品・サービスを購入してくれた顧客は，初期購買者（trial user）と呼ばれます。また，

何度か（たとえば2，3回）続けて購入してくれた顧客を初期反復購買者（repeater），当該企業や製品を何度も繰返し購入してくれている顧客をロイヤル顧客（loyal customer）として区別します。ロイヤル顧客の中には，製品が気に入ったために，周囲の人々に積極的に推奨してくれる顧客がいます。こうした顧客は，当該製品を熱心に他者に推奨してくれるので，しばしば伝道者（brand evangelist）と呼ばれます。

多くの場合，購買する消費者は顧客と呼ばれます。しかし，顧客の中にもさまざまな種類があります。実際に購入する店に出向き，その製品やサービスに対して対価を払う消費者を購買者（buyer）と呼びます。しかしながら，購買者が実際にお金を出しているかというと，必ずしもそうではありません。たとえば，買物を頼まれた場合を想像してください。この場合は，購買者はお金を提供している支払者（payer）とは同一ではありません。

また，製品やサービスの利用者（user）が代金の支払者とは異なる場合もあります。たとえば，ベビー用品では，使う人と購入する人は異なる場合が普通です。こうした場合は，実際に利用する利用者（たとえば赤ちゃん）のことを考えて，ベビー用品を選ぶはずです。購入する人（この場合は親）は，お金を支払う支払者としての側面もあります。ベビー用品の選択にあたっては，価格と製品のバランスを見ながら製品を選択することになるでしょう。このように，顧客といっても，実際には保有している情報量や資金，製品の選択動機が異なる3種類の顧客（購買者，支払者，利用者）がいることがわかります。

サービスを購入する購買者の視点で考えれば，購買時の利便性が重要です。お金を支払う立場になると，購買する製品・サービスのコスト・パフォーマンスが重視されるはずです。また，利用者の選択基準では，サービスや製品がいかに使いやすいかという点が重要となるでしょう。

こうした点を踏まえて，企業はいわゆるマーケティング・ミックス（製品・価格・流通・プロモーション）を考えるべきなのです。

10.2　消費者行動とは

　消費者行動は，消費者が自分の生活を維持し，充実させるために必要な製品やサービスを購買し，使用する行動を指します。

　あなたは「消費者行動」と聞いて，何を思い浮かべますか。レジで財布を開き，製品・サービスに対するお金を払う行為でしょうか。それも消費者行動のひとつですが，消費者行動はそれだけにとどまりません。消費者行動とは，購買という一時点だけではなく，購買前の心理的プロセスから，購買後の評価や満足，推奨行動までを含む一連の意思決定行動過程なのです。

　従来のマーケティングにおいては，購買という一時点に重点が置かれ，消費者は「買い手」と考えられてきました。しかし，消費者行動が購買前や購買後の行動も含むことを考えると，「消費者」を「生活者」として認識する必要があります。

　マーケティングでは消費者が主役であり，消費者行動の分析は不可欠です。マーケティングにおいて消費者を分析する理由は，大きく分けて3つの理由があります。第1に，企業の利益の源泉は消費者であるためです。よって，マーケティング努力は，消費者（市場）に向けて行われるのは当然のことです。第2に消費者は多様であり，この多様な消費者を理解し，マーケティング努力の最適化が必要であるためです。消費者ニーズや消費者行動の段階ごとに，マーケティング努力の効果は異なります。したがって，消費者の行動を理解し，消費者にあわせて戦略を練ることが重要です。第3に，新製品のアイデアの源のひとつは消費者であるためです。消費者を理解することで，新製品のアイデアが浮かび，同時にマーケティングの改良と製品の完成度が上がる，という利点があります。

10.3　消費者行動研究の系譜

　それでは，消費者はどのようなプロセスを経て製品・サービスを選択するのでしょうか。ここでは，消費者行動理論の発展に即して刺激反応モデル（S-Rモデル），S-O-Rモデル，情報処理型モデル，精緻化見込みモデルを紹介します。

〈刺激反応モデル／S-Rモデル（低関与購買）〉

　刺激反応モデルは，別名「S-Rモデル」と呼ばれます。このモデルは，低価格で購買頻度が高い製品カテゴリーによくあてはまるモデルです。

　消費者は，消費者を取り巻く外部環境からさまざまな「刺激（stimulus）」を受けます。外部からの刺激は，①製品を見たり触ったりする「実体的刺激」，②テレビ，新聞，雑誌などの広告を見るなどの「象徴的刺激」，③周囲の評判やクチコミなどによる「社会的刺激」，があります。それ以外にも，④一般的な「経済環境」（環境変数）が消費者の購買行動に影響を与えています。外界から刺激を受けた「消費者」は，刺激情報を内部で処理していきます。そして，外界への「反応（response）」として，購買や他者への推奨行動，あるいは苦情活動などが行われます。

　刺激反応モデルでは，消費者は与えられた刺激によって行動を起こします。つまり，受動的な消費者を仮定しているのが特徴で，消費者の内的・心理的プロセスはブラックボックスとして扱っています。こうした理由から，このモデルはたとえばスーパーマーケットやドラッグストアなどで，チラシや店頭の安売り情報（刺激）によって購買が喚起されるといった購買行動を説明するのに適しています。

〈S-O-Rモデル〉

　S-Rモデルではブラックボックスだった消費者の内的・心理的プロセスの解明を重視するモデルに，S-O-Rモデル（刺激—生体—反応モデル）があります。Oは「生活体（organism）」をあらわします。

　このモデルの代表的な例としてはハワード=シェス・モデル（Howard=Sheth model）があります。このモデルは消費者が外的環境からさまざまな刺激を受け，最終的にある製品の購入を決定するまでのプロセスを詳細かつ網羅的に扱ったモデルです。ここでは外からの刺激とそれに対する消費者の行動という観察可能な側面だけでなく，消費者の内部で生じる知覚・学習といった現象も含めてモデル化しています。

〈情報処理型モデル〉

　S-RモデルとS-O-Rモデルも，間に「O」があるかどうかの違いはあるものの，どちらも基本的に刺激に反応する受動的な消費者を前提としているという点で共通しています。しかし，高関与購買の状況にある消費者は，自らが積極的に情報を探索・収集をします。マーケティング情報などの外部からの刺激を参考にしながら，自力で収集した情報をつきあわせて，選択すべき候補製品を絞り込んでいきます。この過程は，情報統合プロセスと呼ばれます。最終的に，考慮集合の中に残っている候補ブランドから，時間をかけて1つの選択肢を選ぶというプロセスに至ります。このタイプのモデルは，消費者の情報処理過程を強調しているので，情報処理型モデルと呼ばれています。

　ある製品カテゴリーにおいて，知っているブランドのリストを知名集合といいます。知っているブランドの中には，すぐには思い出せないが広告を見れば思い出せる，人にいわれれば知っている，といったブランドも含まれます。ヒントなしで，自力で思い出せるブランドのリストを想起集合といいます。

　あるブランドを思い出せるからといって，購買の候補に入るとは限りませ

```
        知名集合

        想起集合

        考慮集合

        購買製品
```

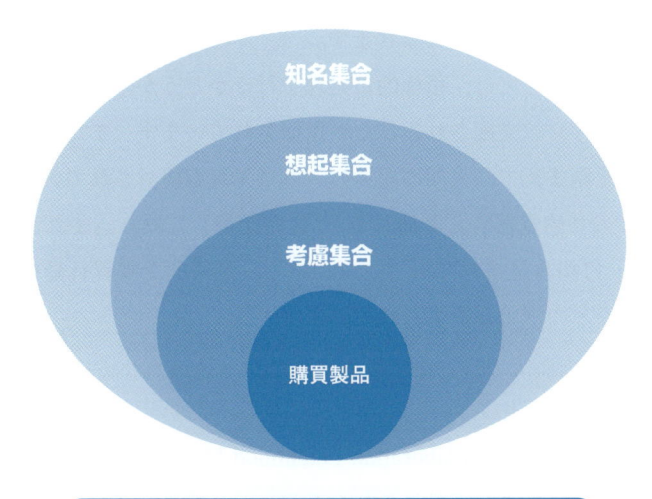

図 10.1　知名集合，想起集合，考慮集合，購買製品

ん。予算制約や属性への選好，ブランド・イメージなどのスクリーニングを通過し，購買の候補リストに入るブランドを考慮集合といいます。消費者は，最後に考慮集合の中から購買するブランドを選択します。

　情報処理型モデルでは，消費者の情報処理能力が意思決定に大きく関与すると考えます。ただし，消費者が刺激を受け，情報を探索・収集する度合いは，その対象となる製品によって異なります。たとえば日用品などは刺激で購買が喚起されることが多いため，バーゲンや値引きで購入を促すことができます。こうした購買行動は，前述のS-Rモデルで説明できます。一方で，高額の製品の場合は，こうした刺激だけで購買は喚起されません。したがって，自社製品の良さを消費者にいかに理解してもらえるかが購入の条件となるのです。そのため，企業は多くの有用な情報を消費者に提供することが必要となります。そうした情報提供にはパンフレット，ダイレクト・メール，各種広告，ウェブサイトなどが用いられます。

　情報処理型モデルで特徴的なことは，消費者が積極的に情報を収集・統合

する主体と見なされていることです。これは，受動的な消費者を仮定していた刺激反応モデルと大きく異なります。

情報の処理に関しては，積極的に処理を行うかどうかは，上位目標（製品関与や購買関与）に支配されることが指摘されています。また，大脳生理学などの研究を踏まえて，人間の記憶のメカニズムも検討されています。目や耳や鼻などの「感覚器官」と通して，「短期記憶」に繰り込まれた情報が，「長期記憶」に組み込まれていくプロセスや，最終的な購買行動に至らしめる動機づけなどの理論が提唱されています。

〈精緻化見込みモデル〉

精緻化見込みモデル（Elaboration Likelihood Model；ELM）はペティ＆カチオッポ（1986）によって提唱されたモデルで，情報処理型モデルをベースにさらに発展させたモデルです。このモデルでは，消費者の購買行動は必ずしも論理的な判断ばかりでなく，感情や感覚的な判断で決まることもあることが示されています。つまり，購買に結びつく態度形成は，論理的な判断をもとに形成されていく場合と，感情的な判断によって形成されていく場合があるというのです。

前者は購買を検討している製品やサービスについて，消費者が豊富な知識をもっている場合です。外部からの刺激に対して，消費者自らの過去の経験に基づき，候補ブランド（考慮集合）に関する情報を比較検討しながら，最終的な製品評価によって決断を下します。このような論理的に決定するプロセスを中心的ルートと呼びます。

一方，後者の態度形成は製品やサービスについて，消費者があまり知識をもっていない場合に行われます。意思決定にあまり自信をもてない消費者は，「周辺的手がかり」に依存して決定を下します。周辺的手がかりとは製品の外観やサービスの評判，イメージなどが含まれます。このように，論理的な判断ではなく，感情や感覚で購入を決める態度形成プロセスを周辺ルートと呼びます。ペティとカチオッポは消費者の「情報処理動機」と「処理能力」

の程度により，メッセージを精緻化する見込みが異なることを指摘しています。

10.4　購買意思決定プロセス

　情報処理型の消費者行動モデルを仮定した場合，情報処理プロセスは①需要の喚起，②購買情報の探索・収集，③選択代替案の評価，④購買行動，⑤購買後の評価，の5段階に分解することができます（図 10.2 参照）。ここからは順を追ってそのプロセスをみていきましょう。

〈①需要の喚起〉
　消費者の購買意思決定は，消費者が特定の製品もしくはサービスに対する需要（ニーズ）を喚起することから始まります。需要喚起を促す要因としては，一般的に空腹感，暑さ，痛み，渇きといった「生理的要因」，他人の服装，クチコミなどからの「社会的・対人的要因」，チラシやテレビコマーシ

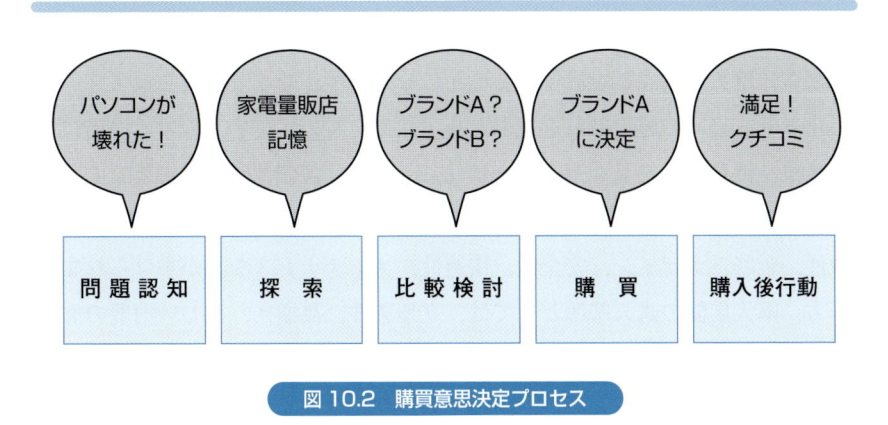

パソコンが壊れた！	家電量販店記憶	ブランドA？ブランドB？	ブランドAに決定	満足！クチコミ
問題認知	探索	比較検討	購買	購入後行動

図 10.2　購買意思決定プロセス

ャルなどによる「マーケティング的刺激要因」などが挙げられます。

〈② 購買情報の探索・収集〉

　特定の対象物の需要の喚起が行われると，消費者はニーズを充足するための製品・サービスの種類・特性・特徴についての購買情報を探索・収集しようとします。たとえば，環境にやさしいエコカーを購入したいと思っている消費者がいたとします。この消費者は安全性・経済性・快適性・機能性・流行性・革新性・性能・デザイン・色彩・サービスなどについて，さまざまな自動車を調べ，属性に関する情報を収集します。

　購買情報の探索・収集には2つの方法があります。第1は「内的情報探索」であり，自動車の例でいえば，自分の過去の購入体験や記憶に基づいて自動車の特性や特徴を思いだすことです。第2は，「外的情報探索」です。これは新聞・ラジオ・テレビ・雑誌・インターネットなどの番組や記事といった情報や，メディアにおける広告宣伝活動やパブリシティなどが挙げられます。もちろん，ディーラーの販売員からの情報や知人・友人・会社の同僚・家族などからのクチコミ情報を調べるのもこれに入ります。

〈③ 選択代替案の評価〉

　購買情報の探索・収集が行われた後は，購入・購買の対象となる製品・サービス，購入店舗などを評価することになります。つまり満足を最大化・極大化させるための特定製品を選ぶため，評価を行い，優劣をつける段階に入ります。消費者が製品を選ぶ場合には，一定の「評価基準」が必要です。購入する基準としては，用途，サイズ，価格，品質，性能・機能，耐久性，希少性，色彩，デザイン，安全性，快適性，メンテナンスなどが挙げられます。一方，購入店舗の購入基準としては，立地条件，品揃え，欲しい消費の有無，価格，ポイントカードの有無，営業時間，駐車場の有無，接客サービス，ワンストップ・ショッピング性，店舗イメージ，新製品情報の提供などが考えられます。

〈④購買行動〉

　選択代替案の評価によって購買の対象になる特定製品群が決定されると，つぎは購入する・しないの購買意思決定をし，最終的に購買のアクションを起こす段階に移ります。購買行動の実行にあたっては，製品・サービスの「ブランド・ロイヤルティ（ブランドへの愛着）」や，「ストア・ロイヤルティ（店舗への愛着）」など消費者の愛着が大きな役割を果たすことになります。

　なお，ここでいうブランド・ロイヤルティとは，あるブランドに対する肯定的な連想が，顧客の心の中で確立され，繰り返しそのブランドを購入している，あるいはしたいと思う状態のことです。ブランドに関してはすでに第9章で学んだとおりです。

〈⑤購買後の評価〉

　購買後の評価とは，消費者自身が購入した製品・サービスが満足につながったかどうかを自己評価する段階です。

　満足の形成構造の代表的モデルとしては，期待—不一致モデルがあります。期待—不一致モデルでは，満足は「期待」と「不一致」の関数であると考えます。期待とは予想される成果についての事前（購買前・使用前など）の信念であり，不一致とは実際の成果がどの程度期待と一致していたかについての事後（購買後・使用後など）の信念です。期待が評価のベースラインとなり，不一致がこれを高めたり低めたりします。期待—不一致モデルでは，人は自分の経験を評価するための何らかの基準をもっていて，その基準と実際の経験を比較することによって満足や不満足を感じるという考え方を基盤としています。

　消費者は，自分が購入した製品・サービスが正しい選択だったのだろうか，という不安の念にしばしば駆り立てられます。たとえば，購入しなかった製品Bを気に入っていたにもかかわらず，価格や購入条件で折り合いがつかず，やむをえず製品Aを購入してしまったケースなどでは，認知的不協和

(cognitive dissonance）が起きてフラストレーションが高まります。認知的不協和とは，社会心理学者のフェスティンガー（Festinger, Leon）が唱えた理論で，人が自身の中で矛盾する認知を同時に抱えた状態，そのときに覚える不快感を指します。たとえば，携帯電話を購入する場合には，消費者はデザインや価格，機能などを色々と迷うものです。こうしたときに，一度決めた後でも，「お金のことを考えず，もっと上位機種にすればよかった」「カラーはやっぱり白よりもシルバーのほうがよかった」など，自らの選択について事後的に後悔することがあります。このような場合，消費者は自分の購買行動を正当化するためにありとあらゆる情報を収集して，納得させようと努力します。たとえば，購入後に購入した製品の広告を熱心に見る，クチコミサイトで評価情報を集める，といった行動は，これにあてはまります。

　有能な販売員は，こうした消費者の心理的な葛藤を解消させることに努めます。たとえばアパレルショップの店員が後日「お買い上げのシャツは，XX様にお似合いでした。これからの季節にぴったりですので，是非ご愛用ください」といったはがきを送るのは，購入後の満足度を高めるアフターケアと位置づけることができます。こうした企業からのアプローチは，消費者のもつ認知的不協和を解消することにつながり，リピーター（初期反復購買者）を生みだす手段になります。

　さて，これまでみてきた5つのプロセスは，非常に単純化された消費者の意思決定プロセスをあらわしています。より包括的な購買意思決定モデルとしては，エンゲル=ブラックウェル=ミニアードのモデル（Engel, Blackwell, & Miniard, 1995）があります。このモデルはエンゲル=コラット=ブラックウェル・モデル（Engel, Kollat & Blackwell, 1968）が数度にわたって改訂されたものです。

　このモデルでは，購買者が購買決定に至るまでに通過する各段階以外に，マーケティング刺激の情報処理プロセスや，意思決定に及ぼす環境や個人差といった要因が検討されています。消費者がどのような製品を探索するのか，

10.4 購買意思決定プロセス

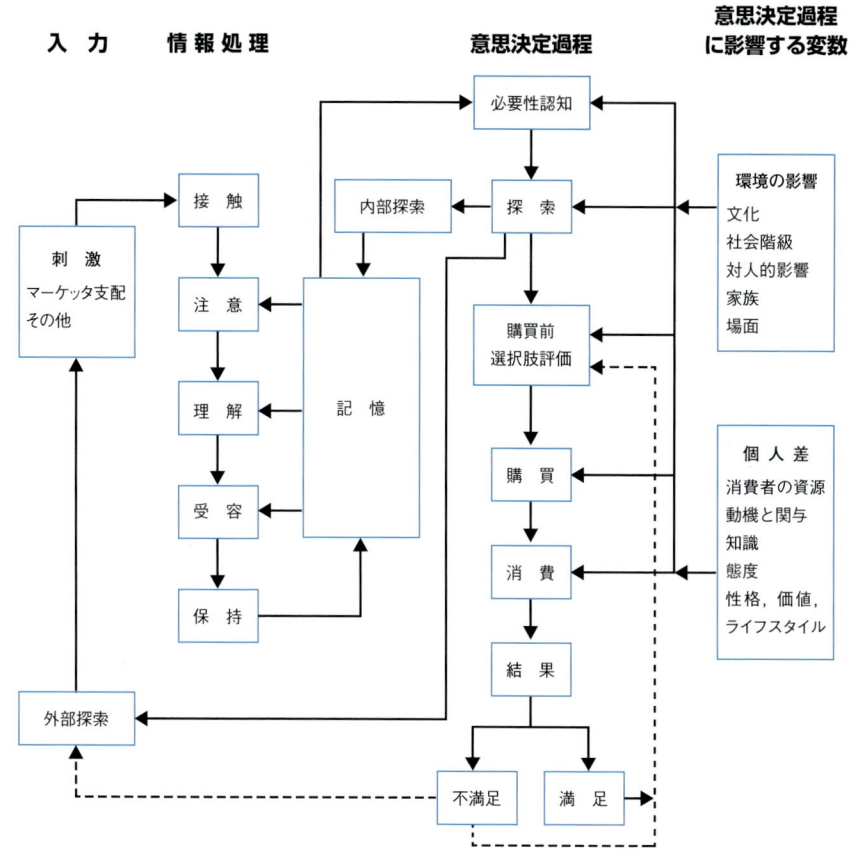

入力 **情報処理** **意思決定過程** **意思決定過程に影響する変数**

図中のフロー：
- 刺激（マーケッタ支配／その他）→ 接触 → 注意 → 理解 → 受容 → 保持
- 記憶 ↔ 内部探索
- 必要性認知 → 探索 → 購買前選択肢評価 → 購買 → 消費 → 結果 → 不満足／満足
- 外部探索
- 環境の影響：文化、社会階級、対人的影響、家族、場面
- 個人差：消費者の資源、動機と関与、知識、態度、性格, 価値, ライフスタイル

（出所）Engel=Blackwell=Miniard（1995）のモデル（p.237）より一部改変。

図 10.3 エンゲル=ブラックウェル=ミニアードの包括的消費者行動モデル

あるいは考慮集合内の選択肢をどのような基準で評価するかに関しては，育ってきた環境や家族，文化などの影響を大きく受けます。また，消費者個人の年収や貯金といった資源，関与度，性格なども大きな影響を及ぼします。こうした影響要因は，図10.3の右端に列挙されています。インターネット

が登場したことにより，ホームページ，オンライン・コミュニティ，ブログ，SNS（ソーシャル・ネットワーキング・サービス）といった新たなコミュニケーション・ツールが生まれると，消費者から企業，消費者から別の消費者へと情報を発信することが容易になりました。このことは，消費者行動の中で対人影響，つまりクチコミの重要性が増すことを意味します。

また，このモデルでは広告などの刺激が，消費者の中でどのように処理されるかも示されています（図 10.3 の左側）。次節では，この広告の情報処理に関して詳しくみていきます。

10.5　広告の階層効果モデル

広告の階層効果モデルとは，広告への反応がある順序に従って起きると仮定したモデルです。1898 年にセント・エルモ・ルイス（St. Elmo Lewis, Elias）によって提唱された AIDA にはじまり，多くのモデルが提案されてきました。AIDA（アイダ）とは，消費者が広告などのマーケティング・メッセージに「注意（Attention）」を喚起され，対象となる製品・サービスに「関心（Interest）」を抱き，購入したいという「欲求（Desire）」が生まれ，「購買（Action）」に至るというモデルです。

広告の階層効果モデルを表 10.1 にまとめました。これらのモデルは認知的反応，情緒的反応，行動的反応の 3 段階に大別されることは共通していますが，少しずつモデルによってその中身が異なります。

数あるモデルの中で，わが国において一般的に用いられる広告の階層効果モデルは AIDMA（アイドマ）モデルと呼ばれ，Attention, Interest, Desire, Memory, Action のプロセスを経ます。これは，AIDA の「欲求（Desire）」と「購買（Action）」の間に「記憶（Memory）」という段階が挿入されています。

近年，ブログや SNS といった CGM（Consumer Generated Media）が生

表 10.1　広告の階層効果モデル

モデル名	認知的反応	情緒的反応	行動的反応
AIDA	注意　興味	欲望	行為
AIDMA	注意　興味	欲望　記憶	行為
DAGMAR	ブランド認知　理解	確信	行為
ラビッジ・スタイナー	ブランド認知　知識	好意　選好　確信	購買
革新の採用	認知　興味	評価	試行　採用
情報処理型モデル	接触　注意　理解	受容　保持	行動

（出所）　岸・田中・嶋村（2008）

まれ，消費者は自らの消費経験を低コストに発信できるようになりました。このことは購買をゴールと見なす既存の消費者行動モデルが機能しなくなったことを意味します。こうした新しい現実をとらえるため，「購買」でプロセスが終わる AIDMA モデルのかわりに，新たなモデルが提案されています。たとえば，AISAS モデル（秋山・杉山，2004；森岡・長谷川・山川，2006）は，消費者の行動が「Attention→Interest→Search（検索）→Action→Share（意見共有）」と変化していると主張しています。

また，A，I，D の後に Experience, Enthusiasm, Sharing を加えた AIDEES モデルも提唱されています（山本・片平，2008）。ここでいう Experience とは「体験・経験」であり，購買・試用等によるブランド体験を指します。Enthusiasm とは「熱中・心酔」であり，ブランド体験の質によってポジティブ，ネガティブの両方の方向性がありえます。

Experience と Enthusiasm は AIDMA や AISAS モデルの「購買（Action）」の部分に相当します。AIDMA モデルでは購買をひとくくりにしていますが，実際にはさまざまな購買がありえます。たとえば，以前から欲しく

てやっと手に入れた，という購買もあれば，惰性や，他に買いたいものがあったが店頭になかったから仕方なく，といった消極的な購買もあるでしょう。AIDEESモデルでは単なる消費・購買経験と，ブランドに心酔し，満足し，ファンになる状態とを区別しています。

　AIDEESの最後の段階は「共有（Sharing）」です。このモデルではブランド体験の他者との共有がうまくできれば，第2，第3のAIDEESの「注意」を呼ぶことができます。つまり，AISASモデル同様に，このモデルは1人の消費者で完結するのではなく，他者に伝染し，循環するモデルなのです。

　要約すると，AIDMAモデルは受動的消費者を想定した直線的モデルであり，消費者1人が1回購買すると完結します。このモデルは購買後行動にはとくに注目していないという意味で，ファン化し，他人に発信する「伝道者」を記述するのには適していません。一方，AIDEESモデルはつぎの2つの点でこのAIDMAの課題を克服しています。ひとつはいうまでもなく，個人内でD-E-E-Sが何回も循環し，経験とその記憶が蓄積されることです。もうひとつは，1人の消費者の体験が他人に伝播し，一個人を超えた大きな影響力をもつ可能性を考慮している点です。

　表10.2は自動車，PC周辺機器，コンビニ菓子，音楽の4つのカテゴリーを対象にした調査結果で，クチコミ発信者の消費者が別の消費者（受信者）にクチコミをしたうち，AIDEESのどの段階まで進んだかを示しています。この調査では各カテゴリーにおけるクチコミ発信経験を質問したうえで，その結果クチコミ受信者がどのような行動をとったかを自由回答で質問しています。

　「クチコミをしたが，とくに影響はなかった」，という場合，相手の「A（注意）」を獲得できていません。「そうなんだ，といわれた」など，何らかの形で受信相手の注意を得たけれど，それ以上の「I（関心）」までは獲得できなかったものは「A（注意）」に分類されています。また，「関心をもった」「さらに質問がきた」など，クチコミ相手が「I（関心）」をもったことを示し，なおかつ「欲求」までは到達できなかったクチコミ結果は「I（関

表 10.2　AIDEES の各段階とクチコミの効果

		全件数	A（注意）	I（関心）	D（欲求）	E（体験・経験）	E（熱中・心酔）	S（共有）
自動車	クチコミ件数	931	488	459	327	230	5	2
	全件数における比率		0.52	0.49	0.35	0.25	0.01	0.00
	前段階からの転換率		0.52	0.94	0.71	0.70	0.02	0.40
PC周辺機器	クチコミ件数	1,414	854	821	658	593	8	3
	全件数における比率		0.60	0.58	0.47	0.42	0.01	0.00
	前段階からの転換率		0.60	0.96	0.80	0.90	0.01	0.38
コンビニ菓子	クチコミ件数	981	760	742	724	694	82	50
	全件数における比率		0.77	0.76	0.74	0.71	0.08	0.05
	前段階からの転換率		0.77	0.98	0.98	0.96	0.12	0.61
音楽	クチコミ件数	1,126	782	747	670	637	77	17
	全件数における比率		0.69	0.66	0.60	0.57	0.07	0.02
	前段階からの転換率		0.69	0.96	0.90	0.95	0.12	0.22

（出所）　山本・片平（2008）

心)」と分類しています。

「相手が欲しがった」「買ってみたいな，といわれた」といった欲求が喚起されたことを示すクチコミや，「お店に行った」という記述はあるものの，購入に関する言及がないクチコミ結果は「D（欲求）」として分類し，「買った」「聞いた」「レンタルした」「試乗した」など，なんらかの消費経験を示すクチコミ結果を「E（体験・経験）」としています。

また,「ファンになった」「はまった」などの回答を「E（熱中・心酔）」「その人も別の人にクチコミをした」「流行させていた」といった回答を「S（共有）」として分類してあります。

　この表は,以下のように読み取ることができます。たとえば自動車の場合,クチコミ931件のうち,488件（52%）がクチコミ相手の「A（注意）」まで到達することができ,AからIに至る転換率は94%でした。第1の「E（体験・経験）」の比率は,クチコミの消費への効果をあらわしています。自動車のような高額商品ですら,クチコミ行動の25%が消費経験に結びついていることがわかります。コンビニ菓子にいたっては,クチコミ行動の71%が相手の消費経験に至ることが示されています。また,第2の「E（熱中・心酔）」や「S（共有）」まで至るクチコミは非常に少ないという結果になっています。このことは,製品・サービスを試したとしても,ファンになり,ブランド・ロイヤルティをもつことのハードルの高さを物語っています。

10.6　消費者行動の変化

　本章では,消費者行動のモデルを学んできました。しかし,消費者行動は固定的ではなく,変化するものです。消費者は同じブランドを常に購入するとは限りません。むしろ,さまざまな理由で購入するブランドを変更します。それでは,どのような理由で変化するのでしょうか。ここではブランド・スイッチの理由を検討していきます。

○ 派生的なブランド・スイッチ

　派生的なブランド・スイッチとは,消費者が直接関知しない何らかの原因で,選択されるブランドが変わる場合です。

たとえば，世帯内に①複数の使用者がいる場合を想像してください。シャンプーの場合，母親が髪のツヤのなさを，娘がカラーリングによるダメージを，父親がフケを悩んでいたとします。この場合，3本のシャンプーが必要となります。いずれかのシャンプーがなくなると，次回のブランドが購買されますが，購買データ上はブランド・スイッチが行われたように見えます。

また，一人の人間であっても，②使用状況が変わると，身体の調子や気分が変わり，ブランドを変更します。たとえば，普段は緑茶飲料を飲んでいる人が，スポーツクラブで運動した後に，スポーツドリンクを飲む，といった事例がこれにあてはまります。

また，③複数の用途がある場合にも，見かけ上のブランド・スイッチが起こります。たとえば，ジョンソン・エンド・ジョンソンのベビーオイルやベビーシャンプーは，もともとは赤ちゃん用に開発された製品ですが，肌へのやさしさや，保湿効果を評価した大人も製品を購入します。

派生的なブランド・スイッチの他の理由としては，「選択状況の変化」があります。たとえば，新製品の発売や，既存品が入手不可能な場合に④利用可能な製品の集合が変わる場合があります。また，⑤価格・プロモーションの影響によって既存ブランドからスイッチすることもありえます。所得が上昇したり，転勤で引越し住む場所が変わったり，環境が変化すると，⑥制約条件の変化が起こって，購入されるブランドが変わることがあります。

◯ 直接的なブランド・スイッチ

一方，直接的なブランド・スイッチとは，消費者が変化を求めて行動を変えることによって起こる購入ブランドの変更です。これは，内部的（個人的）な要因と外部的な要因に区別することができます。

内部的要因は，さらに，以下の3つの場合に分類できます。まず，飽きや属性のバランスを求める行動によって，①既知のブランド間でのスイッチがなされる場合があります。つぎに，②未知の（不確かな）ブランドへのスイ

ッチがあります。この場合，消費者はリスクを覚悟で未知のブランドを購入します。3つめに，③情報を収集する目的でのブランド・スイッチが挙げられます。これにより，消費者は価格・属性などに関するカテゴリー情報を更新することができます。

外部的要因（他者からの影響）の中には，対照的な2つの類型があります。ひとつは，④同化作用（他人からのクチコミによる影響）によって使用ブランドが変わる場合です。もうひとつはそれとは逆に，⑤異化作用（他人とは区別されたい，あるいは目立ちたいという願望）によって，購入ブランドをスイッチする場合です。

消費者には，他者が所有している製品・サービスを所有したい，という欲求と，その反対に誰も所有していない製品・サービスを所有したい，という欲求があります。同じ製品をもっている人が多いほど効用が高まる効果はバンドワゴン効果，逆に同じ製品をもっている人が多いほど効用が低下する効果はスノッブ効果と呼ばれ（Leibenstein, 1950），近年再注目されています（桑島，2008）。

10.7 まとめ

本章では，マーケティングの主役である消費者の定義と，さまざまな側面からみた名称を学びました。そして，消費者が製品・サービスを購入する際に，消費者の心の中で起こる変化プロセスを学びました。

消費者に長く愛される製品・サービスをつくるためには，消費者の理解が不可欠です。本章では消費者の購買行動プロセスと，広告に焦点を置いた階層効果モデルを学びました。

インターネットが登場したことによって，消費者は受動的な消費者から，クチコミを発信し，他者に影響を与える能動的な消費者へと大きく変貌を遂

げました。そのため，消費者行動の分野においてはクチコミと対人影響が近年注目を集めています。

演習問題

10.1 最近自分で購入した製品・サービスの購買意思決定プロセスを，エンゲル，ブラックウェル，ミニアードのモデルを参考にしながらまとめてみましょう。

10.2 製品・サービスを1つ取り上げ，考慮集合，想起集合を作成してみましょう。つぎに，インターネットで調べて知名集合を作成してみましょう。

第11章

マーケティング・リサーチと市場データ分析

　前章では消費者行動プロセスについて学びました。では，消費者の態度や行動はどのように把握することができるのでしょうか。

　製品・サービスの担当者は，「自分の製品・サービスは認知されているだろうか？」「好意的な態度をもたれているだろうか？」「利用者はどのようなニーズをもっているのだろうか？」といった疑問を常に抱えています。こうした疑問は勘や経験に頼っても解決されません。このようなときに答えやヒントをくれるツールが，マーケティング・リサーチと市場データ分析です。

　本章では，消費者を知り，企業の意思決定に活用するためのリサーチの手法を学びます。

○ KEY WORDS ○
3C分析，マーケティング・リサーチ，データ分析

11.1 マーケティング・リサーチとは

◯ 3C分析

　マーケティングの競争に勝つためには，現状分析が重要であることはすでに第2章で述べました。そして第4章では「外部環境」と「内部環境」という2つの側面から現状分析をする方法を学びました。これは，企業の外か内かという切り口で現状分析の方法を分類していますが，その「対象」によって分類する手法に 3C 分析 があります。3C とは 顧客 (Customer)，競合 (Competitor)，自社 (Company) の頭文字です。これらの3つに，協力企業 (Co-operator) や 流通 (Channel) を加えて 4C 分析 と呼ばれる場合もあります。この3Cの情報収集および分析において，重要な役割を果たすのがマーケティング・リサーチです。マーケティング・リサーチ (marketing research) とは，マーケティング上の特定の課題に対するために行われる情報の特定，情報収集，分析，結果の提示に関する一連の活動のことを指します。ここからは顧客・自社・競合の3つの「C」ごとに，どのような事項がマーケティング・リサーチの対象となりえるのかを紹介します。

〈顧客 (Customer) の分析〉

　マーケティングの主役は消費者であり，顧客です。そのため，顧客を知ることは最重要課題といえます。分析の具体例としては，つぎのような項目が挙げられます。

- **市場や需要について**
　顧客は誰か。どこに存在するのか。現在の顧客数は何人か。潜在的な市場規模の大きさはどれくらいか。今後どのくらい市場は成長するのか。顧

客や潜在顧客はどのようなニーズをもっているのか。

- **購買について**

  消費者は，何を，どのような理由で買うのか。どのような方法で，どのチャネルで購入するのか。いつ，どのぐらいの頻度で，どれくらいの数量で，顧客は製品を購入しているのか。

- **製品・サービスの満足度について**

  現在購入している商品に満足しているか。いま感じている不満は何か。どうすれば満足度が向上するのか。

〈自社（Company）の分析〉

第4章で学んだように，企業が競争に勝つためには自社の経営資源を多方面から分析し，強み・弱みを把握する必要があります。分析の対象となる項目例は以下のとおりです。

- **財務力，業績について**

  財務諸表，売上の伸び，収益性，キャッシュ・フローなど

- **内部資源について**

  企業文化，組織，製品，サービス，開発力，技術力，販売網，価格競争力，生産力，コスト力，取引のある顧客層，提携関係など

- **市場での地位について**

  シェア，認知率，ブランド・イメージなど

- **プロダクト・ポートフォリオについて**

  効率的に利益を上げられる製品の最適な組合せ

〈競合（Competitor）の分析〉

競争に勝つためには，顧客や自社を知るだけでなく，現在の競争相手である競合他社および将来ライバルになりうる企業について分析することが必要です。情報収集および分析の対象例を以下に挙げました。

- **内部資源について**

  企業文化，組織，製品，サービス，開発力，技術力，販売網，価格競争力，生産力など
- **市場での地位について**

  シェア，認知率，ブランド・イメージ

○ マーケティング・リサーチのプロセス

　先に述べたとおり，3Cの分析において非常に有効なのがマーケティング・リサーチです。では，マーケティング・リサーチはどのような手順で行われるのでしょうか。ここからはマーケティング・リサーチの各プロセスを紹介します。

〈①意思決定課題の特定と調査目的の明確化〉

　マーケティング・リサーチが意思決定に役立つためには，何を決めたいかというそもそもの意思決定課題の特定が必要です。つまり，何のために調査をするのか，を明確にすることが重要なのです。マーケティング・リサーチの最初のステップは，たとえば，「新製品Xを発売するかどうかを決める」といった意思決定課題の特定化なのです。

　意思決定課題が特定されると，調査目的の明確化がなされます。たとえば，3Cの顧客（Customer）の分野で，「新製品Xが獲得可能な市場シェアを明らかにする」「どのようなターゲット層が新製品Xを購入するかを明らかにする」，といった調査目的を決定します。

〈②調査計画の策定〉

　この段階では，設定された調査目的を達成するためにどのような情報をどのように取得し，それをどのように分析するかを策定します。そのために，まずは調査目的を達成するためにそもそも必要な情報が入手できるかどうか

を探る必要があります。

　企業が意思決定に利用できる情報には，1次データと2次データの2種類があります。1次データ（primary data）とは，最初に記録された原資料です。特定の課題を直接的に解決するために独自に収集された情報であり，すべてがオリジナルの情報といえます。たとえば，上記の事例で「どのようなターゲット層が新製品Xを購入するかを明らかにする」という調査目的があるとすると，その目的を達成するためにアンケート調査などによって独自に収集された情報が1次データです。

　2次データ（secondary data）とは1次データをもとに，その形態を変更したり，別の情報を付加したりして加工が施された情報です。これは，特定課題の解決のためではなく，他の目的で収集された既存の資料を要約・加工した資料です。

　前述の「どのようなターゲット層が新製品Xを購入するかを明らかにする」という目的で，2次データを探すとします。2次データは，さらに内部データと外部データとに分けられます。内部データは，調査主体である組織の中，つまり自社内に存在するデータです。具体例としては，3C分析で用いられる自社（Company）の財務データ，広告宣伝費のデータ，カスタマー・サポートセンターのサポート履歴データなどが挙げられます。カスタマー・サポートセンターではどのような顧客からどのような問合わせや苦情があったか，データを蓄積します。こうしたデータは新製品や新サービスのアイデアを与えてくれることがあります。外部データとは政府や公共団体，業界団体および業界誌，民間の調査会社，取引先などから得られるデータであり，現在ではインターネットを利用してさまざまな情報が入手できるようになっています。3Cの顧客，自社，競合の各領域において，こうした2次データは有益です。

　マーケティング・リサーチを実施する際には，まず利用可能な2次データがないかどうかを検討する必要があります。2次データを有効利用することで，1次データを取得する金銭的コストや時間的コストを省くことができる

からです。

〈③データ収集方法と質問事項の立案〉

　目的達成のための利用可能な2次データが存在しない場合，1次データを収集することになります。データの収集方法にはさまざまな方法があり，これについては次節で解説します。

　質問事項の立案には，詳細な注意が必要です。質問事項の立案でつまずくと，収集されたデータの集計や分析でも望ましい結果が得られなくなってしまうためです。あたりまえのことですが，質問事項は調査目的を果たすべく設計されることが重要です。たとえば，携帯電話の新機種を発売するので，消費者に支持される端末の色を知りたい，といった調査目的を掲げていたとします。ここで，「せっかく大規模な消費者調査を実施するなら，端末の色だけでなくよく使う機能を知りたい」「どのような媒体に接触して，購買をするかも調査の質問項目に入れてほしい」などと，場あたり的に質問事項を増やしていくと，本来の目的から遠ざかり，マーケティング・リサーチの焦点が定まらなくなることがあります。また，安易な質問項目の増加は，回答者の負担も増大させます。

　調査を設計してデータを収集する際に，試験的に小規模な調査（予備調査，もしくはインフォーマル調査）を行う場合があります。予備調査では，試験的に立てられた調査仮説について，小規模な調査対象者に面接や，質問票（調査票とも呼ばれます）調査を実施します。予備調査の結果を踏まえて，本調査に向けて質問事項の内容や表現を微調整することができます。

　最終的な質問事項が確定すると，本調査が実施されます。本調査の実施には，多額の予算，時間，人手を必要とするので，十分な検討をし，社内的なコンセンサス（合意）を得ておくことが求められます。この社内調整を省いてリサーチ担当部門が先走り，さらに調査から望ましい結果が得られないような場合，調査の本来の目的であったはずのマーケティング意思決定に活かすことができません。さらには調査に費やした時間的・経済的コストも無駄

となってしまいます。

〈④データの収集と分析〉

　調査が実施された後は，矛盾した回答をチェックするなどのデータのクリーニングが行われ，単純集計を行います。単純集計とは，どの選択肢を何人が選んでいるかを質問ごとに集計していく方法です。その後は質問項目に関連するものをクロス集計するなどして，より関連する内容を明らかにしていきます。クロス集計とは2つの要因（質問項目）を同時に取り上げた同時度数分布の表を作成し，相互の関係を明らかにする方法です。

　例を挙げて考えてみましょう。あなたはブランドXの担当者で，競合ブランドのブランドYと比較したブランドの利用状況を調べています。そして，表11.1のようなデータを収集したとします。ここではブランドを利用している場合は「1」，そうでない場合は「0」と入力されています。回答者1はブランドXのみを利用しています。また，回答者5はブランドXとブラ

表11.1　ブランドXとブランドYの利用状況

回答者	ブランドXを利用	ブランドYを利用	年収（万円）
1	1	0	240
2	0	1	275
3	0	1	320
4	1	0	255
5	1	1	260
6	0	1	290
7	1	0	300
8	1	0	280
9	1	0	275
10	0	1	280

表11.2 ブランドXの利用状況（単純集計）

ブランドXを利用	件数
1（利用している）	6
0（利用していない）	4
合計	10

表11.3 ブランドXとブランドYの利用状況（クロス集計）

	ブランドYを利用	ブランドYを非利用	合計
ブランドXを利用	1	5	6
ブランドXを非利用	4	0	4
合計	5	5	10

ンドYの両方を利用していることがわかります。

表11.2では，ブランドXの利用状況を単純集計しています。10人の回答者のうち，ブランドXを利用しているのは6人，利用していないのは4人であったことがわかります。

つぎに，ブランドXとブランドYの同時利用状況を検討するために，表11.2のデータをクロス集計してみました（表11.3）。クロス集計の結果，ブランドXとブランドYの両方を利用している回答者が1人いることや，ブランドYを利用していてブランドXを利用していないのは4人，その逆は5人おり，ブランドXを利用する人とブランドYを利用する人とにほぼ分かれていることなどが把握できます。

今回の事例は2つのブランドの利用状況を探るというものでした。このよ

うに，意思決定のための有用な情報を調査結果からいかに引きだすかということが重要になります。

〈⑤調査結果のレポート作成〉

集計や分析が終わったら，調査目的に沿った調査結果を報告書にまとめます。この報告書は意思決定のヒントとなります。

11.2　1次データの収集方法

前節ではマーケティング・リサーチのプロセスを学びました。ここからは1次データの収集方法を詳しく学んでいきます。調査は大きく分けて定量調査（quantitative research）と定性調査（qualitative research）に分かれます。定量調査とは多数の調査対象者を調査して，統計的分析によって仮説を検証する調査です。定性調査とは比較的少数の調査対象者を詳細に調べ，その意識や行動の本質を把握する調査です。以下にその具体例を示します。

○ 定量調査

定量調査には，大きく分けて質問法，観察法，実験法の3つの方法があります。

〈質問法〉

質問法を調査対象者への接触方法によって分類すると，主な方法として面接調査，電話調査，郵送調査，留置調査，インターネット調査を挙げることができます。

面接調査とは，調査を行う調査員が調査対象である被験者と対面して会話

しながら調査を行う方法です。調査員が調査対象者の自宅などを訪問する訪問面接調査のほか，面接を行う場所によって街頭面接調査，店頭面接調査などがあります。面接調査では，調査対象となる製品の実物を見せることができます。また，複雑な質問であっても，調査員が丁寧に説明することによって，調査対象者に理解してもらえるといった長所があります。一方，調査員の人件費などのコストがかかることが大きな短所といえます。

電話調査とは電話を通じて調査員が被験者に質問する調査方法で，そのメリットは即時性です。たとえば新製品の発売直後に製品の知名率や**CM**認知度などを確認し，以降のマーケティング計画の修正に役立てたい，というようなニーズに，この調査は適しているといえます。ただし，面接調査と異なり，あまり複雑な質問をできません。また，電話を切られてしまう可能性があるため，多くの項目を質問できないことも短所といえます。

郵送調査は調査票を郵便で送り，回答を郵便で返却してもらう調査です。郵送調査の利点のひとつは，面接調査や電話調査と比較して低コストで実施できるという点です。これは，調査員の人件費がかからないためです。欠点としては，本人確認ができないことが挙げられます。これは，ある特定の人を対象とした調査票を送り，回答が返送されたとしても，記入したのが本人かどうか確認できないためです。

留置調査とは，調査票を調査対象者のところに留め置き，後に回収する方法です。調査票を郵送し，後日訪問して回収する方法，最初に訪問して調査票について説明したうえで，後日郵送してもらう方法など，いくつかの方法があります。製品の使用状況などを一定期間にわたって記入してもらう日記調査などでは，留置調査が必要となります。

近年では，インターネットの普及にともない，インターネット調査の利用度が高くなってきています。インターネットを利用した調査方法は大きく3つに分けられます。1つめは，電子メールで質問を送り，電子メールで回答してもらう方法です。この方法は，調査対象者が手軽に回答できるという利点がありますが，複雑なレイアウトの質問票を電子メール上で構成すること

が困難であるため，シンプルな質問構成にする必要があります。2つめの方法は，質問項目で掲示されているインターネット上のアドレスを電子メールで送付し，それを通じて調査ページにアクセスしてもらい，インターネット上で回答してもらう方法です。この調査では，調査対象者の回答によってつぎに提示する質問を変えるなど，インタラクティブな調査が可能です。3つめの方法は，特定の消費者に告知するのではなく，誰でもアクセス可能なインターネット上に質問票を掲示し，そこにアクセスした人に自由に回答してもらう方法です。この方法を利用してもらうと，調査対象者の名簿やメールアドレスを保持していなくても調査が実施できます。しかし，誰でもいつでも回答者になることができるので，同じ人物による複数回答や，回答の報酬として懸賞がある場合などは懸賞目当ての回答者を防ぐことができず，信頼性を疑問視する声もあります。

　インターネット調査は従来の調査と比較して大規模サンプルやレアサンプルの調査が容易であるといわれています。ここでいうレアサンプルとは希少なサンプルという意味で，たとえば製品Aから製品Bにブランド・スイッチした消費者，など調査実施主体の希望条件を満たすサンプルです。

　こうしたサンプルのデータを収集するためには，大規模な調査モニターを保有する必要があります。多くのインターネット調査会社では，モニターを確保するためにポイント制を導入しています。モニターはアンケートに回答することによって貯まったポイントを図書券や商品券などに交換することができるのです。インターネットを通じて得たデータの活用については11.5節で詳しく触れます。

〈観察法〉

　観察法は，調査対象から質問に対する回答を得るのではなく，調査対象者の行動を調査員が観察・記録する調査方法です。観察法はさらに，調査員と対象者との接触があるか否かによって参与観察と非参与観察とに分けられます。

参与観察は調査員が調査対象者（多くの場合には調査対象グループ）と一定期間行動を共にしながら実施します。したがって，参与観察の場合には，調査対象者が観察者を認識することになります。非参与観察は，調査員が調査対象者の行動を外から観察する方法であり，対象者の自然な行動を把握しようとするものです。観察法の典型的な例として，小売店舗内の買い物行動に関する調査が挙げられます。調査員は調査対象者に気づかれないように，対象者の売り場内の歩行経路や製品の購入状況を記録します。こうした調査は小売店の棚のレイアウトや設計に役立てられます。

〈実験法〉

実験法には，フィールド実験と実験室実験があります。前者はマーケティングの現場で行われる実験であり，営業している店舗を利用した実験などがこれにあたります。これに対し，模擬的な売り場を設定して行うような実験は，後者の実験室実験といえます。

実験法は原因と結果に関する因果関係を明確にするのに有効です。実験法によって，はじめて原因と結果との関係が明らかになるようなケースもあります。たとえば，ある企業が複数の製品を販売していて，製品間の売上に大きな差があるとします。通常何かが売れる背景にはさまざまな要因があるため，売上の差が陳列位置やスペースの要因によるものなのか，製品そのものの差に起因するのか，あるいはパッケージのせいなのかは識別できません。こうした場合には，対象製品群の陳列位置，陳列スペース，製品，パッケージを計画的に変更し，その結果として売上がどのように変化するかを確認することによって，両者の因果関係を明確にすることが可能となります。

◯ 定性調査

定性調査とは，数値化が難しい調査対象者の態度や行動の本質を，定性的（質的）に把握する調査です。調査対象の意識や行動がよくわからない場合

や，そもそもマーケティング課題が漠然としているような場合にも，探索的な目的で採用されることがあります。

グループ・インタビューは定性調査における代表的な調査手法で，司会者の進行によって，複数の被験者が座談会のような形式で自由に発言し，その内容から仮説を導きだす方法です。この調査は新商品開発コンセプトの発見や，ブランドの好感度，広告クリエイティブの理解度・好感度の把握などに利用されます。

デプス・インタビューは，グループ・インタビューとは異なり，集団では面接せずに，一人ひとりの被験者に時間をかけてインタビューする方法です。回答者の意見をじっくりと聞きたい場合や，病気や悩みといった人前では話しにくいテーマの場合に利用されます。

観察法の中の参与観察も，定性的な手法のひとつです。たとえば，優良顧客向けイベントの参加者が，イベント参加によってどのようにブランドへの態度を変化させたかについて，その実態を深く理解しようとする場合などに，参与観察が利用されます。この場合，観察者は調査対象者と同じようにイベントに参加し，他の参加者の行動を見続け，彼らと会話を交わすことによって，ブランド態度への関する理解を深めることができます。

11.3 調査対象者の選定

調査対象者の設定方法は，全数調査と標本調査の2つに大別することができます。全数調査とは文字どおり調査対象者全員を対象として実施する調査です。全数調査は，官公庁が実施する調査でしばしば行われます。5年ごとに実施される国勢調査はその一例です。

一方，標本調査とは，対象となる母集団（population）から一定の方法で抽出した標本（サンプル；sample）を対象に実施する調査です。母集団と

は，分析対象となる全体集団のことです。たとえば企業が20代の女性をターゲットとした新製品の調査を実施する際に，全国の20代の女性全員に質問するのは，予算的にも時間的にも不可能です。よって，マーケティング・リサーチのほとんどが標本調査といえます。

調査対象となる標本を抽出するためには，まず母集団を設定し（上記の例では20代女性），そこから何らかの方法で，標本を抽出する必要があります。母集団から標本を抽出する際には，できるだけ偏りのない標本を抽出することを目指します。たとえば，20代女性をターゲットとした製品に関する調査を企画した会社が，自社の20代女性社員を対象として調査を行ったとします。その場合，実際よりもブランドへの知識や好意度が高い結果が得られると考えられます。これがここでいう「偏り」です。

偏りのないサンプルを得るための標準的な方法が，無作為抽出法です。無作為抽出法（random sampling）とは，母集団を構成する各メンバーが，標本として選択される確率が同じになるように設計された標本抽出法です。たとえば，住民票をもつ日本国民が登録されている「住民基本台帳」の住民票コードにランダムに番号を割り当て，その番号にあたった人を調査対象者として抽出します。無作為抽出によって，母集団に対して偏りのない標本を抽出することが可能となり，さらに，標本から得られた結果の誤差を推定することができます。これによって，標本調査の結果から，母集団の値を推計することが可能となります。

理論的には，偏りのない標本を抽出するためには，無作為抽出法が必要です。しかし，現実的には個人情報保護の問題で住民基本台帳をマーケティング・リサーチに用いることはできません。無作為抽出の元となる「リスト」が利用できなくなっている現状では，調査会社のパネル（長期的・固定的な調査協力者）や特定企業の会員リストなどを利用して，その中で無作為抽出をすることが通例となっています。

11.4 マーケティング・データの分析

　サンプリングを行い，収集されたデータは，分析にかけられます。11.1 節では単純集計とクロス集計を紹介しましたが，それ以外にも目的に応じてさまざまな分析がありえます。

　分析には，大きく分けて記述的分析と統計的分析があります。記述的分析とはデータの特性を記述するものです。平均値，中央値，分散，比率などを求めて調査対象の性質を表現する，質問に対する各回答を選択肢別に集計したサンプル数をカウントして度数分布表を作成する，といった作業がこれにあてはまります。先述の例で回答者の年収の分布を知りたいときには，グラフや表にあらわして記述します。表11.4 は表11.1 の年収データの度数分布表・累積度数分布表，図11.1 はそのヒストグラムです。

　度数分布の特性をあらわす値を特性値と呼びます。「平均値」や「中央値」はその例です。ここでいう中央値とは，個々の量的データを大きさの順に並べたときに中央にくるデータのことです。ほかに「分散」「標準偏差」といった度数分布の広がりをあらわす値があります。

　なお，エクセルの「分析ツール」の「基本統計量」を用いて計算すると，回答者の年収の平均値は 277.5 万円，中央値も同じく 277.5 万円，分散は 523.61 万円，標準偏差は 22.88 万円，ということがわかります。統計的分析の代表的な手法としては，回帰分析（regression analysis）があります。

　回帰分析は，結果となる変数（被説明変数）に要因となる変数（説明変数）の影響がどれくらいあるのかを分析する手法です。たとえば，「広告費（x_1）」と「売上（y）」の2つのデータがあったとして，片方のデータ（広告費：説明変数）で他方（売上：被説明変数）を説明・予測するモデルを単純回帰といいます。「広告費（x_1）」と「大量陳列の有無（x_2）」と「値引き（x_3）」など，複数の説明変数から売上（y）を予測するモデルを，重回帰モデ

表 11.4　度数分布表・累積度数分布表

階級（単位：万円）	度　数	相対度数	累積度数	累積相対度数
240〜259	1	10%	1	10%
260〜279	2	20%	3	30%
280〜299	4	40%	7	70%
300〜319	2	20%	9	90%
320〜339	1	10%	10	100%
計	10	100%	―	―

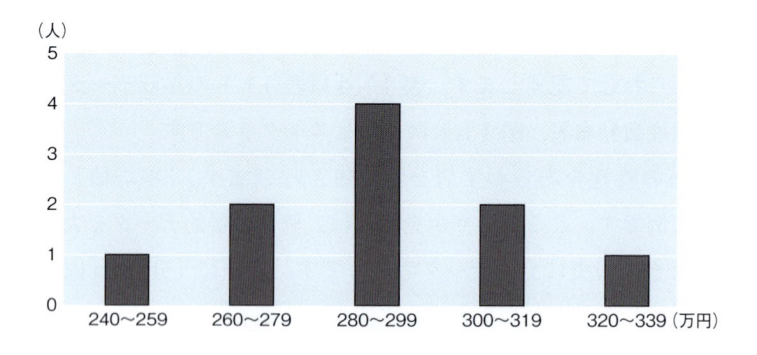

図 11.1　年収のヒストグラム

ルと呼びます。

　この他にも，統計的分析には第5章の製品戦略で活用できるコンジョイント分析，多数のサンプルを自動的に類似の群にグループ分けするクラスター分析など，さまざまな分析があります。こうした分析手法をもっと学びたい読者は，古川一郎・守口剛・阿部誠（2011）『マーケティング・サイエンス入門 新版』や朝野熙彦（2010）『最新マーケティング・サイエンスの基礎』などを一読することをお薦めします。

11.5　インターネット上のデータの活用

　インターネットの出現は，企業と消費者の間に新たな接点を生み出しました。インターネット上の企業ウェブサイトは，消費者に対してメッセージを発信するコミュニケーション・チャネルとして，そして消費者に製品・サービスを販売する販売チャネルとして機能します。つまり，企業ウェブサイトは新たな自社媒体兼販売チャネルとして，企業と消費者をオンライン上で結ぶ場として位置づけることができます。また，インターネット上の企業ウェブサイトは，CRM（Customer Relationship Management）や市場調査のツールとしても有効であり，企業ウェブサイトはさまざまな側面で伝統的なマーケティング活動を補完することができるのです。

　企業ウェブサイトを消費者に訪問してもらうために，企業はさまざまな努力をしています。たとえば，検索エンジンの検索結果で，自社のウェブサイトがより上位に掲載されるように検索エンジンの特性に働きかける活動は，SEO（Search Engine Optimization）と呼ばれます。

　インターネットは消費者と企業の関係を大きく変える可能性を秘めています。それは，ウェブサイトは企業が初めて手にした自社媒体であるためです。第8章で述べたとおり，従来はマス4媒体に代表される広告媒体の枠を広告会社に依頼して購入し，消費者にメッセージを送っていました。つまり，企業のメッセージは媒体を通じて消費者に届けられていたのです。しかし，インターネットが登場したことにより，企業は媒体を購入せずに自社ウェブサイトを活用して直接メッセージを発信できるようになったのです。これにより企業と消費者の間で継続的なコミュニケーションが可能となりました。

　従来型のマーケティングでは，企業のゴールは消費者に購買させることであり，購買後の消費者行動には重点が置かれていませんでした。購買後の消費者との接点であるお客様相談室や顧客サポートセンターは，例外的な故障

や苦情を処理するための場としてとらえられていました。しかし，インターネット上の企業ウェブサイトの登場によって，365日24時間無休のコミュニケーションが可能となったのです。

このように，企業ウェブサイトはさまざまな側面で伝統的なマーケティング活動にイノベーションをもたらしています。そして，このプラットフォームによって消費者に関するデータが蓄積されていきます。次項では，こうしたインターネット上の消費者データの活用方法について説明します。

○ インターネット上の消費者データ

消費者に関するデータには，大きく分けて2つの種類があります。それは行動履歴データと質問紙（アンケート）データです。

行動履歴データとは，消費者の購買や媒体視聴といった行動の履歴に関するデータであり，オフライン（インターネット上以外）の事例としてはPOSデータがあります。POSの詳細については7.1節で述べました。インターネット上ではウェブサイト閲覧や購買に関する消費者の行動履歴データが自動的に蓄積されます。つまり，オフラインでの消費者行動と比較して，オンラインでの消費者行動は分析のためのデータが豊富にあり，それを容易に入手することができるのです。質問紙データとは消費者に自らの情報を回答させることによって得られるデータです。インターネットの登場によって，行動履歴データも質問紙データも低コストかつスピーディに収集できるようになりました。

インターネット調査の登場はコストや時間の効率改善のみならず，質的な変化も及ぼしました。つまり，従来の手法では入手困難なデータも収集できるようになったのです。たとえば，従来のPOSデータでは，誰が，いつ，どの商品を購買したかという結果が残るのみでした。しかし，インターネット上の消費者データの場合，ユーザーのアクセスの日付，時間，閲覧したページなどの記録がアクセスログ・データとして残ります。オンライン・ショ

ップにおいてアクセスログ・データを活用すれば，消費者がサイトを訪問してから退出するまでの一連のプロセスをデータとして収集することができるのです。つまり，購買しようと思ってある商品を買い物カゴに入れたが，やはり思い直して別の商品を購買した，というような行動を観測することができるのです。

　また，オンラインのアンケート調査は，調査対象者の回答パターンによってつぎの質問をカスタマイズし，必要な質問のみ提示することが可能であり，インタラクティブ調査ならではの利点があります。さらに，映像や音声情報を活用すれば，紙の質問調査票とは比較にならない情報量を対象者に伝達することが可能です。

　さらに，インターネット上では掲示板，メーリングリスト，チャットなどに蓄積される消費者の生の声を簡単に収集することができます。インターネットが登場する前は，消費者間，あるいは消費者と企業との対話から知見を得ることは非常に手間のかかる作業でした。しかし，数値や記号ではなく自由記述の文章（テキスト）を単語に分け，頻度や単語間のつながりを分析するテキスト・マイニングといった手法の発展にともなって，こうしたデータを実務や研究に活用することも可能となったのです。

　たとえば，自社の製品に関するブログ上の書き込みを収拾し，どのような言葉が頻繁に語られているかを分析する，あるいは，どのような異なる言葉と同時に語られているか（共起しているか）を分析する，といったことが実際に行われています。

11.6　まとめ

　消費者に受け入れられるような製品・サービスを提供し，競合との競争に勝つためには，自社を知り，相手（競合企業や消費者）を知ることが重要で

す。本章ではマーケティング・リサーチに焦点を当て，相手を知るための調査方法や分析方法を学びました。

マーケティングは学際的な学問であり，経済学，心理学，社会学との関連が深いといえます。それに加えて，3C分析の道具箱としての統計学や数学の知識が必要不可欠です。大学でこうした授業を履修する場合は，マーケティング課題を想像し，どのように実践できるかを考えながら勉強してください。

また，本章ではインターネットの登場による新たなマーケティング・データの取得方法や分析の可能性について学びました。インターネットはこれまでのマーケティング手法を効果的・効率的に発展させただけでなく，SEOなどのまったく新しい手法も生み出しました。インターネットが登場したことによって，消費者を取り巻くメディア環境と消費者の行動が大きく変わり，それにともなって企業が活用できるマーケティング・データの取得方法や分析方法も進化しています。この分野は現在進行形で発展を続けているため，さらなる飛躍が期待できるといえるでしょう。

演習問題

11.1　関心のある企業を1つ選び，3C分析を実践してみましょう。インターネットで2次データを収集し，3つのCの項目ごとに分析してみましょう。

11.2　サンプルを10人集め，「よく利用するコンビニエンス・ストアのブランド名」を3つ挙げてもらいましょう。そのうえで，単純集計とクロス集計を実践してみましょう。

11.3　上記サンプルに，「1回の買物あたりの購入金額」を質問し，ヒストグラムを描いてみましょう。

参 考 文 献

Aaker, D. A.（1991）*Managing brand equity : Capitalizing on the value of a brand name*. Free Press.（邦訳，アーカー，D. A. 陶山計介・中田善啓・尾崎久仁・小林哲訳（1994）『ブランド・エクイティ戦略――競争優位をつくりだす名前，シンボル，スローガン』ダイヤモンド社）

Aaker, D. A.（1995）*Building strong brands*. Free Press.（邦訳，アーカー，D. A. 陶山計介・小林哲・梅本春夫・石垣智徳訳（1997）『ブランド優位の戦略――顧客を創造する BI の開発と実践』ダイヤモンド社）

Aaker, D. A.（2001）*Developing business strategies*. 6th ed. New York : John Wiley & Sons.（邦訳，アーカー，D. A. 今枝昌宏訳（2002）『戦略立案ハンドブック』東洋経済新報社）

秋山隆平・杉山恒太郎（2004）『ホリスティック・コミュニケーション』宣伝会議．

青木幸弘（1998）「ブランド・マネジメント論の変遷と課題」『DIAMOND ハーバード・ビジネス・レビュー』3月号．

青木幸弘（2010）『消費者行動の知識』日本経済新聞出版社．

青木幸弘・上田隆穂（2009）『マーケティングを学ぶ（上）（下）』中央経済社．

青木幸弘・恩藏直人編（2004）『製品・ブランド戦略――現代のマーケティング戦略①』有斐閣．

朝野熙彦（2010）『最新マーケティング・サイエンスの基礎』講談社．

アスクル HP http://www.askul.co.jp/

Blattberg, R. C., & Neslin, S. A.（1990）*Sales promotion : Concepts, methods, and strategies*. Englewood Cliffs, NJ : Prentice-Hall.

電通「2019 年 日本の広告費」 https://www.dentsu.co.jp/knowledge/ad_cost/2019/media.html（2020 年 11 月 1 日）

Engel, J. F., Blackwell, R. D., & Miniard, P. W.（1995）*Consumer behavior*. 8th ed. The Dryden Press.

Engel, J. F., Kollat, D. T., & Blackwell, R. D.（1968）*Consumer behavior*. Holt, Rinehart, & Winston.

藤本隆宏・高橋伸夫・新宅純二郎・阿部誠・粕谷誠（2005）『リサーチ・マインド経営学研究法』有斐閣．

古川一郎・守口剛・阿部誠（2011）『マーケティング・サイエンス入門 新版――市場

対応の科学的マネジメント』有斐閣.

濱岡豊（2002）「創造しコミュニケーションする消費者，『アクティブ・コンシューマー』を理解する――共進化マーケティング論の構築に向けて」『一橋ビジネスレビュー』50(3)，57-73．

本多正久・牛澤賢二（2007）『マーケティング調査入門――情報の収集と分析』培風館．

Howard, J. A., & Sheth, J. N.（1969）*The theory of buyer behavior*. New York : John Wiley & Sons.

池尾恭一・青木幸弘・南知恵子・井上哲浩（2010）『マーケティング』有斐閣．

石原武政・竹村正明編著（2008）『1 からの流通論』碩学舎．

石井淳蔵・奥村昭博・加護野忠男・野中郁次郎（1996）『経営戦略論 新版』有斐閣．

片平秀貴（1999）『新版 パワー・ブランドの本質――企業とステークホルダーを結合させる「第五の経営資源」』ダイヤモンド社

片平秀貴・山本晶（2002）「Net or Die――新しい消費者が迫る新しい企業モデル」『一橋ビジネスレビュー』50(3)，74-89．

Keller, K. L.（1998）*Strategic brand management : Building, measuring, and managing brand equity*. Prentice-Hall.

岸志津江・田中洋・嶋村和恵（2008）『現代広告論 新版』有斐閣．

岸勇希（2008）『コミュニケーションをデザインするための本』電通．

小原博（2011）『基礎コースマーケティング 第3版』新世社．

Kotler, P.（1999）*Kotler on marketing : How to create, win, and dominate markets*. Free Press.（邦訳，コトラー，P. 木村達也訳（2000）『コトラーの戦略的マーケティング――いかに市場を創造し，攻略し，支配するか』ダイヤモンド社）

Kotler, P.（1999）*Marketing management : The millennium edition*. 10th ed. Prentice-Hall College Div.（邦訳，コトラー，P. 恩藏直人・月谷真紀訳（2001）『コトラーのマーケティング・マネジメント ミレニアム版』ピアソン・エデュケーション）

Kotler, P.（2001）*A framework for marketing management*. Prentice-Hall.（邦訳，コトラー，P. 恩藏直人・月谷真紀訳（2002）『コトラーのマーケティング・マネジメント 基本編』ピアソン・エデュケーション）

Kotler, P., & Armstrong, G.（2001）*Principles of marketing*. 9th ed. Prentice-Hall.（邦訳，コトラー，P.・アームストロング，G. 和田充夫訳（2003）『マーケティング原理――基礎理論から実践戦略まで 第9版』ダイヤモンド社）

Kotler, P., Kartajaya, H., & Setiawan, I.（2010）*Marketing 3.0 : From products to customers to the human spirit*. John Wiley & Sons.（邦訳，コトラー，P.・カルタジ

ャヤ, H.・セティアワン, I. 恩藏直人監訳・藤井清美訳（2010）『コトラーのマーケティング3.0——ソーシャル・メディア時代の新法則』朝日新聞出版）

桑島由芙（2008）「消費者間ネットワークと購買行動——スノッブ効果とバンドワゴン効果」『赤門マネジメント・レビュー』7(4), 185-204.

Leibenstein, H.（1950）"Bandwagon, snob and veblen effects in the theory of consumers' Demand." *Quarterly Journal of Economics*, 64(2), 183-207.

三宅隆之（2004）『現代マーケティング・コミュニケーション入門——はじめて学ぶ広告・広報戦略』慶應義塾大学出版会.

宮澤永光・亀井昭宏監修（2003）『マーケティング辞典 改訂版』同文館出版.

宮副謙司（2010）『コア・テキスト流通論』新世社.

森岡慎司・長谷川想・山川茂孝（2006）「AISASモデルにみる口コミの形成過程におけるプランニング作法の提案」『マーケティング・ジャーナル』26(1), 29-39.

日経広告研究所編（2009）『基礎講座から学べる広告の総合講座2010』日経広告研究所.

日経産業新聞編（2011）『日経シェア調査195〈2012年版〉』日本経済新聞出版社.

沼上幹（2000）『わかりやすいマーケティング戦略』有斐閣.

小川孔輔（1994）『ブランド戦略の実際』日本経済新聞社.

小川孔輔（2001）『よくわかるブランド戦略』日本実業出版社.

小川孔輔（2009）『マネジメント・テキスト マーケティング入門』日本経済新聞出版社.

Petty, R. E., & Cacioppo, J. T.（1986）*Communication and persuasion : Central and peripheral routes to attitude change.* New York : Springer-Verlag.

Porter, M. E.（1980）*Competitive strategy : Techniques for analyzing industries and competitors.* New York : Free Press.（邦訳, ポーター, M. E. 土岐坤訳（1982）『競争の戦略』ダイヤモンド社）

Ries, A., & Trout, J.（1994）*The 22 immutable laws of marketing : Violate them at your own risk!* Harper Business.（邦訳, ライズ, A.・トラウト, J. 新井喜美夫訳（1994）『売れるもマーケ 当たるもマーケ——マーケティング22の法則』東急エージェンシー出版部）

Rogers, E. M.（2003）*Diffusion of innovations.* 5th ed. New York : Free Press.（邦訳, ロジャース, E. M. 三藤利雄訳（2007）『イノベーションの普及』翔泳社）

宣伝会議編（2003）『新版 広告ビジネスの基礎講座』宣伝会議.

宣伝会議編（2006）『マーケティング・コミュニケーション大辞典』宣伝会議.

嶋口充輝・石井淳蔵（1995）『現代マーケティング 新版』有斐閣.

嶋村和恵監修（2006）『新しい広告』電通.

清水聰（1999）『新しい消費者行動』千倉書房.
Solomon, M. R.（2006）*Consumer behavior : Buying, having, and being*. 7th ed. New Jersey : Prentice-Hall College Div.
高橋伸夫（1992）『経営統計入門——SASによる組織分析』東京大学出版会.
高橋伸夫（2006）『経営の再生——戦略の時代・組織の時代 第3版』有斐閣.
高嶋克義・桑原秀史（2008）『現代マーケティング論』有斐閣.
田中洋・清水聰編（2006）『消費者・コミュニケーション戦略——現代のマーケティング戦略④』有斐閣.
鳥居泰彦（1994）『はじめての統計学』日本経済新聞社.
上田隆穂・守口剛編（2004）『価格・プロモーション戦略——現代のマーケティング戦略②』有斐閣.
Urban, G. L., Hauser, J. R., & Dholakia, N.（1987）*Essentials of new product management*. New Jersey : Prentice-Hall.（邦訳，アーバン, G. L.・ハウザー, J. R.・ドラキア, N. 林廣茂・中島望・小川孔輔・山中正彦訳（1989）『プロダクトマネジメント——新製品開発のための戦略的マーケティング』プレジデント社）
宇佐美清（2006）『USAMIのブランディング論』トランスワールドジャパン.
山本晶・片平秀貴（2008）「インフルエンサーの発見とクチコミの効果——AIDEESモデルの実証分析」『マーケティング・ジャーナル』28(1), 4-18.
和田充夫・恩藏直人・三浦俊彦（2006）『マーケティング戦略 第3版』有斐閣.

索　引

あ　行

アーカー（Aaker, David A.）　*175*
アーリーアダプター（初期採用者）　*87*
アーリーマジョリティ（前期多数派）
　　89
アンゾフ（Ansoff, Igor）　*95*
アンブレラ効果　*170*

1次商圏　*131*
1次データ　*215*
1段階チャネル　*122*
イノベーター（革新者）　*87*
インセンティブ提供型SP　*148*
インターネット広告　*151*
インプレッション効果　*155*

ウェブ広告　*152*
ウォンツ　*4*
売り手の交渉力　*63*
上澄み吸収戦略　*88, 108*

か　行

回帰分析　*225*
階層効果モデル　*11, 202*
外的参照価格　*105*
買い手の交渉力　*63*
外部環境　*18, 52*

外部環境分析　*65*
外部データ　*215*
開放的チャネル政策　*124*
価格　*9, 100*
　――差別　*103*
　――設定　*101*
　――訴求型SP　*146*
金のなる木　*93*
観察法　*221*
管理型VMS　*130*

企業型VMS　*128*
企業広告　*139*
企業ブランド　*169*
記述的分析　*225*
規模の経済性　*38, 59*
供給チャネル　*60*

クロスメディア　*161*

経営資源　*53*
経験曲線　*92*
経験効果　*38, 60*
契約型VMS　*129*
ケラー（Keller, Kevin L.）　*164*
検索連動型広告　*154*

広告　*10, 138*

──インパクト効果　156
──媒体　140
行動変数　24
購買意思決定プロセス　11, 197
小売ミックス　131
顧客　52, 190, 212
コストプラス法　101
固定費　102
コトラー（Kotler, Philip）　4
個別（独立）ブランド　170
コンタクト・ポイント　142

さ 行

サイコグラフィック変数　24
差別化　40
参照価格　105
参入障壁　44

シェア（占有率）　65
事業ブランド　170
事業領域（ドメイン）　16
市場開発戦略　97
市場細分化戦略　90
市場シェア　34, 65
市場浸透価格戦略　88, 108
市場浸透戦略　95
市場データ分析　12
実験法　222
質的経営資源　47
質問法　219
シナジー効果　60
需要の価格弾力性　87, 103, 109

シュルツ（Schultz, Don E.）　150
商圏　131
消費者　190
──行動　11, 192
情報処理型モデル　194
情報処理コスト　173
情報提供型SP　147
情報提供型広告　139
情報的資源　53
情報統合プロセス　194
人的販売　137

垂直的マーケティング・システム（VMS）127
垂直的マーケティング・チャネル　127
スイッチング・コスト　57, 109
スキミング戦略　88, 108
ステークホルダー　53
ストア・ブランド　128
スノッブ効果　208

精緻化見込みモデル（ELM）　196
成長マトリックス　95
製品　9, 76
製品開発　165
──戦略　96
製品広告　139
製品ミックス　78
製品ライフサイクル　85
製品ライン　78
──拡張戦略　181
セールス・プロモーション（SP）　144

セグメンテーション　17, 21
　——変数　22
セグメント　22
説得型広告　140
ゼロ段階チャネル　121
全数調査　223
選択的チャネル政策　125
セント・エルモ・ルイス（St. Elmo Lewis, Elias）　202
全米マーケティング協会（AMA）　2, 164

相対的市場シェア　92
ゾーン・プライシング　104

た　行

ターゲティング　17, 25
体験提供型 SP　147
退出障壁　58
代替品　61
態度変容効果　156
ダイレクト・モデル　121
多角化戦略　97
タッチポイント　142
探索コスト　115, 173

チェリーピッカー　112
知覚価値　102
　——プライシング　106
知覚品質　177
知覚リスク　172
チャネル　60

チャレンジャー　34, 39
地理的プライシング　104
地理的変数　22

ディスプレイ広告　152
定性調査　219
定量調査　219
テキスト広告　152
テスト・マーケティング　84
デファクト・スタンダード　61, 89
デモグラフィック変数　22

統合型マーケティング・コミュニケーション（IMC）　150
同質化戦略　38
ドラッカー（Drucker, Peter F.）　3
トラフィック効果　156

な　行

内的参照価格　105
内部環境　18, 53
　——分析　65
内部データ　215
ナショナル・ブランド　128, 169

ニーズ　4
2次商圏　131
2次データ　215
2段階チャネル　123
ニッチ戦略　26
ニッチャー　34, 42
認知的不協和　199

ノン・ペイド・パブリシティ　143

は 行

ハートシェア　65
ハイ・アンド・ロー戦略　111
排他的チャネル政策　125
花形　93
バナー広告　152
パブリシティ（広報）　143
パワーブランドの7つの法則　183
範囲の経済性　79
バンドワゴン効果　208

比較広告　140
標本調査　223

ファイブフォース・モデル　9,54
フェスティンガー（Festinger, Leon）　200
フォード（Ford, Henry）　5
フォロワー　34,45
物的資源　53
プライス・リーダー　104
プライベート・ブランド（PB）　128, 169
フランチャイズ・チェーン（FC）　130
ブランディング効果　156
ブランド　164
　──・アイデンティティ　178
　──・エクイティ　175
　──開発　165
　──拡張戦略　182

　──強化戦略　180
　──・スイッチ　206
　──戦略　10
　──認知　176
　──変更戦略　181
　──要素　166
　──・リポジショニング戦略　180
　──連想　177
　──・ロイヤルティ　88,176,199
フル・ガバレッジ戦略　36
フルライン戦略　26,36
プレミアム・プライシング　104
プロダクト・ポートフォリオ・マネジメント（PPM）　91
プロモーション　10,136

ペイド・パブリシティ　143
便益　24,76,165,178
　──の束　76
変動費　102

ポーター（Porter, Michael E.）　54
ポジショニング　17,27
ボランタリー・チェーン（VC）　129

ま 行

マーケティング　2
　──1.0　4
　──2.0　5
　──3.0　6
　──戦略　16
　──の4P　29

――・ミックス（MM）　*8, 18, 29*
　――・リサーチ　*12, 212*
マインドシェア　*65, 165*
マクロ環境　*18*
　――要因　*66*
負け犬　*94*
マルチブランド戦略　*182*

ミクロ環境　*18*
　――要因　*66*

無作為抽出法　*224*

メール広告　*154*
メディア・ミックス　*143*

問題児　*94*

ら 行

リーダー　*34, 35*
利益ポテンシャル　*55*
リベート　*114*
リポジショニング　*81, 180*
リマインダー型広告　*140*
流通　*10*
　――チャネル　*60, 118*
量的経営資源　*47*

レスポンス効果　*156*

ロス・リーダー商品　*111*

わ 行

割引　*112*

欧文・数字

3C分析　*212*
4C分析　*212*
4P　*8, 9*
AIDMAモデル　*202*
CGM　*158, 202*
CRM　*227*
EDLP　*110*
OEM　*169*
POSシステム（販売時点情報管理システム）　*121*
SEM　*155*
SEO　*227*
S-O-Rモデル　*194*
S-Rモデル　*193*
STP　*17, 21*
SWOT分析　*8, 19, 64*
Web 2.0　*158*

著者紹介

山本　晶（やまもと　ひかる）

2004 年	東京大学大学院経済学研究科博士課程単位取得
	博士（経済学）（東京大学）2008 年に学位取得
2004 年	東京大学大学院経済学研究科助手
2005 年	成蹊大学経済学部専任講師
2008 年	成蹊大学経済学部准教授
2014 年	慶應義塾大学大学院経営管理研究科准教授
2023 年	慶應義塾大学商学部教授。現在に至る。

主要著書・論文

「デジタル環境下の情報探索行動の類型化」，共著，『経営情報学会誌』31(3)，2022 年．

「二次流通市場が一次流通市場における購買に及ぼす影響」，『マーケティングジャーナル』40(2)，2020 年．

「デジタルメディア環境下の C2C インタラクション―研究動向の概観と展望」，共著，『マーケティング・サイエンス』26(1)，2019 年．

『キーパーソン・マーケティング：なぜ，あの人のクチコミは影響力があるのか』，東洋経済新報社，2014 年．

ライブラリ 経営学コア・テキスト=9
コア・テキスト マーケティング

2012 年 6 月 10 日Ⓒ	初 版 発 行
2024 年 9 月 10 日	初版第 6 刷発行

著 者 山 本 　 晶

発行者 森 平 敏 孝
印刷者 加 藤 文 男
製本者 小 西 恵 介

【発行】　　　　　　　　　株式会社 新世社
〒151-0051　東京都渋谷区千駄ヶ谷 1 丁目 3 番 25 号
編集☎(03)5474-8818(代)　　　サイエンスビル

【発売】　　　　　　　　　株式会社 サイエンス社
〒151-0051　東京都渋谷区千駄ヶ谷 1 丁目 3 番 25 号
営業☎(03)5474-8500(代)　　　振替 00170-7-2387
FAX☎(03)5474-8900

印刷 加藤文明社　　　　　製本 ブックアート
《検印省略》

本書の内容を無断で複写複製することは，著作者および出版者の権利を侵害しますので，その場合にはあらかじめ小社あて許諾をお求めください。

サイエンス社・新世社のホームページのご案内
http://www.saiensu.co.jp
ご意見・ご要望は
shin@saiensu.co.jp まで．

ISBN 978-4-88384-183-7
PRINTED IN JAPAN

基礎コース[経営学] 5

基礎コース
マーケティング
第3版

小原　博 著
A5判／288頁／本体2,300円（税抜き）

大学の講義や企業の研修用として好評を博してきた，入門テキストの改訂版．第5章を「マーケティングと消費者行動」として改訂したほか，今後を見通すことができる内容を盛り込んだ．本書は，実例をあげながら基礎的理論を展開し，マーケティングの全体像をつかめるよう総論的かつスタンダードに書かれている．また，マーケティング中心の企業経営が必要であるという視点に立っており，一般社会人にとっても興味深い一冊である．

【主要目次】
第1部　マーケティングの基礎理論／現代企業とマーケティング／競争構造とマーケティング行動／マーケティング戦略と体系／マーケティング意思決定と情報／マーケティングと消費者行動
第2部　マーケティング戦略の構造／製品戦略／価格戦略／チャネル戦略／販売促進戦略
第3部　マーケティングの展開と課題／グローバル・マーケティング／マーケティング領域の拡張／マーケティングの新展開

発行　新世社　　　発売　サイエンス社

ライブラリ 経営学コア・テキスト 10

コア・テキスト
流通論

宮副謙司 著
A5判／288頁／本体2600円（税抜き）

本書は，生産者から消費者にモノが渡るまでの道筋をいかに構築・運営するか，流通とはどのようなものか，の2つの視点を統合し，その全体像を把握することを目指した初学者向けテキストです．予備知識がなくても理解できるよう，わかりやすい表現を心がけ，図表を多く取り入れました．また，学生や社会人の関心を惹き，経験に基づいて理解できるよう，身近な業界や企業の事例を選んで紹介しました．見やすい2色刷．

【主要目次】
第Ⅰ部　流通チャネルの理論／流通の機能とその特徴／流通チャネルの設計と管理／メーカー主導での流通チャネルの形成／消費者へ向けたマーチャンダイジング
第Ⅱ部　流通チャネルの現在／小売業態の特徴と動向／卸売業と物流の機能と動向／流通チャネルの変化
第Ⅲ部　これからの流通のあり方／新しい消費者行動と流通チャネル／流通チャネルの変化を加速させるもの／新しい流通チャネルと業態のあり方

発行　新世社　　　　発売　サイエンス社

ライブラリ 経営学コア・テキスト 1

コア・テキスト
経営学入門
第2版

高橋伸夫 著

A5判／328頁／本体2450円（税抜き）

この一冊で，目の前のあらゆることが経営の問題として見えるようになり，自分の頭でその答を導き出す姿勢と作法が身につく！　練達の著者が経営学の核心を身近に説く好評入門書の最新版．経営戦略・経営組織・マーケティングについての解説拡充のほか，コーポレート・ガバナンスなど近年経営学が直面する問題も採り上げ，大幅な増補を行った．読みやすい2色刷．

【主要目次】

序章　この本の狙い

第Ⅰ部　一緒に働くってどんなこと？／イントロダクション／個人の行動に影響を与えるもの／個人をめぐる物理的な制約と有効な協働／組織に参加することで選択が可能になる理由／組織の目的と参加者の満足

第Ⅱ部　組織って何？／組織に共通しているもの／組織の中のコミュニケーション／組織が大きくなるとき／公式組織の生まれるとき

第Ⅲ部　組織の中で何が起きている？／分業と専門化／人はなぜ働くのか／人はなぜ命令に従うのか／習慣と意思決定／連鎖する意思決定

第Ⅳ部　経営するってどんなこと？／経営者の仕事／顧客「想像」力の時代／違法行為でなければ何をやってもいいのか

発行　新世社　　　発売　サイエンス社